四川民族学院资助出版

实用体育评价与统计

肖 波 ◎ 编著

西南交通大学出版社
·成 都·

图书在版编目（C I P）数据

实用体育评价与统计／肖波编著. —成都：西南
交通大学出版社，2018.2
ISBN 978-7-5643-6075-7

Ⅰ. ①实… Ⅱ. ①肖… Ⅲ. ①体育统计 – 教材 Ⅳ.
①G80-32

中国版本图书馆 CIP 数据核字（2018）第 033930 号

实用体育评价与统计

肖　波　编著

责任编辑	左凌涛
封面设计	墨创文化
	西南交通大学出版社
出版发行	（四川省成都市二环路北一段 111 号 西南交通大学创新大厦 21 楼）
发行部电话	028-87600564　028-87600533
邮政编码	610031
网址	http://www.xnjdcbs.com
印刷	成都蓉军广告印务有限责任公司
成品尺寸	170 mm×230 mm
印张	15
字数	229 千
版次	2018 年 2 月第 1 版
印次	2018 年 2 月第 1 次
书号	ISBN 978-7-5643-6075-7
定价	45.00 元

前言 // PREFACE

从多年的教、学、用的实际感受来看，"SPSS 统计学""体育测量与评价学"两学科都是难懂、难学、难教的课程。

难懂：其公式多而繁，计算过程涉及高深的数学知识！如果要了解每一步的计算过程，对大部分体育专业的学生（甚至老师）来说，难于上青天！

难学：一般学生缺乏实际科研经历，统计学并不是靠死记硬背能入门的，必须先具有严密的统计思维，要敢于忽略计算过程，敢于面对全英文版的数字界面。

难教：在教学中要首先培养学生的统计思维，让学生具有跳跃性思维，不要总把思维停留在计算过程上（总想知道计算结果是怎么出来的），要让学生区分不同统计方法，而且应用不同统计方法去解决不同的案例问题；有了统计思维，如何快捷地解决 SPSS 操作问题而不被全英文界面所吓倒，这些问题是教师面对的挑战。

表面上，统计学好像是数字游戏，但其背后，是严密的逻辑思维，绝大部分内容是与现实生活息息相关的。

本专著不涉及计算公式、计算过程和操作过程，只是思维、案例、模仿（特别是规范的三线表格）等展示，适合初中文化程度及以上的学生学习。

因本人水平有限，本书尚存在很多错误和不足，希望读者及专家不吝批评指正。

此外，本书有些例文引用了公开发表的文章，因知识讲述重点有侧重之故，对其进行有选择的摘录，有断章取义之嫌，望文章作者原谅，同时在此对文章作者表示真诚的感谢！

编　者
2017 年 12 月

目录 // CONTENTS

第一章 绪 论

第一节 体育统计学概述

一、统 计

从性质上来看，统计可分为两类：一类是描述性统计；另一类是推断性统计。前者主要是对事物的某些特征及状态进行实际的数量描述；后者则是通过样本的数量特征以一定方式估计、推断总体的特征。

二、统计学及其研究对象

统计学是一门收集、整理和分析数据的方法科学，其目的是探索数据的内在数量规律性，以达到对客观事物的科学认识。

统计学的研究对象是指统计研究的客体。一般来说，统计学的研究对象是客观现象总体的数量特征和数量关系，以及通过这些数量方面反映出来的客观现象发展变化的规律性。

三、体育统计学

（一）定 义

以数理统计原理，对体育领域内中的随机现象（即偶然现象）进行数量化处理（量化），探求其内在规律（即必然性）的一门应用学科。体育统计包括描述性统计和推断性统计。

（二）体育统计的主要内容

（1）描述统计。

（2）统计推断（参数估计和假设检验）。

（3）实验或研究设计。

（三）体育统计工作的基本过程

体育统计工作是一项复杂的、整体性的工作，其基本工作过程是：

1. 统计资料的收集

根据事先确定的调查或实验纲要，收集研究所需要事物的数据资料。这一阶段的工作是认识事物的起点，同时也是进一步进行资料整理和分析的基础环节。

2. 统计资料的整理

对调查或实验所获取的数据资料加以合理汇总，使之条理化、系统化，使经过加工的数据资料便于进一步分析。所以这一阶段是统计认识的中间环节。

3. 统计资料的分析

对加工汇总的数据资料计算各项分析指标，揭示体育中各类事物的关系和发展趋势等，阐明体育教学、训练等方面的现象、过程的特征和规律性，并根据分析做出科学的结论。这一阶段是理性认识阶段，也是整个统计工作的决定性阶段。

（四）统计方法

统计方法详见图 1-1 所示。

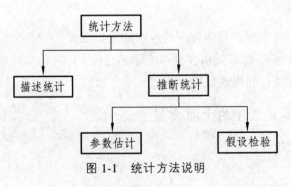

图 1-1　统计方法说明

（五）描述统计

（1）内容：① 搜集数据；② 整理数据；③ 展示数据。

（2）目的：① 描述数据特征；② 找出数据的基本规律。

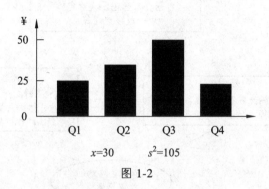

$x=30$ $s^2=105$

图 1-2

（六）推断统计

（1）内容：① 参数估计；② 假设检验。

（2）目的：对总体特征做出推断。

图 1-3 总体与样本的关系

（七）描述统计与推断统计的关系

描述统计与推断统计的关系如图1.4所示。

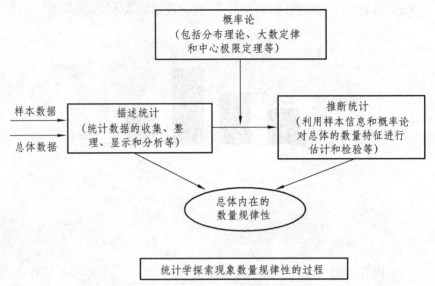

图 1-4　描述统计与推断统计的关系

（八）理论统计与应用统计

（1）理论统计：① 研究统计学的一般理论；② 研究统计方法的数学原理。

（2）应用统计：研究统计学在各领域中的具体应用。

（九）统计学与数学的关系（联系）

（1）统计学运用到大量的数学知识。

（2）数学为统计理论和统计方法的发展提供基础。

（3）不能将统计学等同于数学。

（十）统计学与数学的区别

（1）数学研究的是抽象的数量规律，统计学则是研究具体的、实际现象的数量规律。

（2）数学研究的是没有量纲或单位的抽象的数，统计学研究的是有具体实物或计量单位的数据。

（3）统计学与数学研究中所使用的逻辑方法不同。

（4）数学研究主要使用的是演绎。

（5）统计学则是演绎与归纳相结合，占主导地位的是归纳。

演绎：一般到特殊；归纳：特殊到一般。

四、SPSS 操作系统

（一）定　义

SPSS 代表"社会科学用统计学软件包"（Statistical Package for the Social Science）。

（二）SPSS 操作软件

Spss 是用于统计学分析运算、数据挖掘、预测分析和决策支持任务的软件产品及相关服务。

Spss 是世界上最早采用图形菜单驱动界面的统计软件，它最突出的特点就是操作界面极为友好，输出结果美观漂亮。它将几乎所有的功能都以统一、规范的界面展现出来，使用 Windows 的窗口方式展示各种管理和分析数据方法的功能，对话框展示出各种功能选择项。

用户只要掌握一定的 Windows 操作技能，精通统计分析原理，就可以使用该软件为特定的科研工作服务。Spss 采用类似 EXCEL 表格的方式输入与管理数据，数据接口较为通用，能方便地从其他数据库中读入数据。其统计过程包括了常用的、较为成熟的统计过程，完全可以满足非统计专业人士的工作需要。

输出结果十分美观,存储格式则是专用的 SPO 格式,可以转存为 HTML 格式和文本格式。对于熟悉老版本编程运行方式的用户，Spss 还特别设计了语法生成窗口，用户只需在菜单中选好各个选项，然后按"粘贴"按钮就可以自动生成标准的 Spss 程序，极大地方便了中、高级用户。

Spss for Windows 的分析结果清晰、直观、易学易用，而且可以直接读取 EXCEL 及 DBF 数据文件，现已推广到多种各种操作系统的计算机上，它和 SAS、BMDP 并称为国际上最有影响的三大统计软件。

国际学术界有条不成文的规定：在国际学术交流中，凡是用 Spss 软件完成的计算和统计分析，可以不必说明算法。由此可见其影响之大和信誉之高。最新的 21.0 版采用 DAA（Distributed Analysis Architecture，分布式分析系统），全面适应互联网，支持动态收集、分析数据和 HTML 格式报告。

五、体育统计学中的几个概念

（一）必然事件、不可能事件、随机事件

（1）在一定的条件下重复进行试验时，有的事件在每次试验中必然会发生，这样的事件叫必然发生的事件，简称必然事件。有些事情我们事先肯定它一定会发生，这些事情称为必然事件。

（2）概率论中把在一定条件下不可能发生的事件叫不可能事件。人们通常用 0 来表示不可能事件发生的可能性.即：不可能事件的概率为 0。但概率为 0 的事件不一定为不可能事件。

（3）必然事件和不可能事件统称为确定事件。

（4）在随机试验中，可能出现也可能不出现，而在大量重复试验中具有某种规律性的事件叫做随机事件，简称事件。随机事件通常用大写英文字母 A、B、C 等表示。

（二）频次（数）、频率、概率

（1）频次（数）：即次数，在一定条件下，某随机事件 A 出现的次数。

（2）频率：在一定条件下，实验 n 次，某随机事件 A 出现 m 次，m/n 即为频率。

（3）概率（probability）：在一定条件下，实验 n 次，某随机事件 A 出现 m 次，当

$n \to +\infty$ 时，$m/n \to$ 一个稳定的值 $P(A)$，则 $P(A)$ 为概率。

（三）小概率事件原理

概率很小的事件，在一次试验中实际上是不可能发生的。

确定一个小概率值α，如一般取α = 0.05，凡是概率小于α的事件，即可以认为是小概率事件。

（四）总体、参数、个体、抽样、样本、统计量、样本含量、抽样误差

总体（Puplation）：研究对象的全体。

（总体）参数：描述总体特征的指标。如：μ, σ, π

个体（individual）：总体中的最小研究单位。

抽样（sampling）：从总体中抽出若干个体的过程。

样本（sample）：抽出的个体组成的集体。

（样本）统计量：描述样本特征的指标，如：S，X，P。

样本含量（sample sine）：样本中个体的数量。

抽样误差（sampling error）：用样本的某特征反映总体特征而产生的偏差。

【思考与练习】

1. 你对媒体所报道的某产品抽样调查的结果怎么看？
2. 结合实际生活，举一些有趣的关于抽样误差的例子。
3. 当10个硬币同时抛，有多少种情况，各种情况的概率是多少？
4. 彩票中，36选7，全部选中的概率是多少？

第二节　体育测量与评价学概述

一、体育测量学科概述

体育测量学（Measurement and Evaluation in Physical Education and

Exercise Science Science）是对体育范畴内的各种现象进行测量与评价的一门应用学科。属于方法学范畴，有着极大的实用价值。

（1）测量学是一门方法学科。它不但研究体育领域内具体的测量方法问题，如肺活量的测量方法，还要解决具体的评价方法问题，如利用标准分进行综合评价的方法问题。以及，在引起测量与评价方法的背后，测量理论如测量的信度、效度、客观性等问题；评价理论如何按照数据颁布特点选择合适的评价方法等问题，也是体育测量评价研究的重要内容。

（2）体育测量学是一门应用学科。它的实用价值体现在：随着现代测量技术、数理统计方法、电子计算机技术的发展，体育测量学已经由定性测量向定量测量、由主观评价向客观评价方向突飞猛进，这不仅仅反映在竞技体育运动中，同样反映在社会体育、体育教育、体育管理、体育经济、体育新闻以及运动人体科学等领域。

（3）体育测量学是一门新兴学科。随着科学技术的进步，体育教育的发展，体育测量学慢慢从教育测量学、人体测量学中派生出来，并广泛地应用到体育领域的各个方面从而逐渐发展成为一门独立的学科，且随着社会发展的需求，不断扩展自己的研究领域。

（4）体育测量学是一门综合性的交叉学科。它的形成离不开运动生理学、运动解剖学、运动医学、运动心理学、教育测量学、人体测量学等等；它的发展和创新更离不开数理统计学和计算机科学等。

正因为体育测量学科具有上述特性，因此，它可以使人们在从事体育实践活动中从多学科、多层面、多角度出发，对事物（现象）的本质属性进行更加深入的认识。

不言而喻，测量与评价是一个过程的两个方面。测量是将一些可以测得的物理量、非物理量转换为量化的数值或符号，进行资料汇集、信息收集的过程。评价则是对所获得的量化信息进行加工处理，并通过科学分析作出价值判断，赋予被测量事物或现象某种意义的过程。由此可见，测量是基础，是前提；评价是结果，是目的。两者密切联系，不可分割。没有精确的测量作为前提，就不可能获得真实可靠的数据；而数据不真实可靠，即使评价方法再先进，也不可能得到接近客观实际的、准确的判断结果。

二、体育测量学科的作用

体育测量学的作用从宏观上讲是对体育领域内客观事物或现象进行测量评价并提供决策信息。

1. 导向作用

体育教育是一种有目标、有计划的活动。怎样才能达到目的，就需要通过测量和评价使每前进一步都向既定目标迈进，从而保证教育目标的实现。从控制论的观点来看，测量评价是对教育信息的反馈，即通过测量评价来检验所从事的教育活动与教育目标是否一致。这种反馈、教育活动同样广泛存在于体育教育活动中，所以说，测量评价是在一定的导向目标下进行的，具有一定的导向作用。

2. 管理作用

测量评价实际上是一种管理的手段。即通过测量评价对体育领域中的某个系统的各个环节进行调控和管理，在每一次测量上进行的评价是对系统的一次调控。这种调控必须是有组织、有计划地收集信息、分析信息、利用信息，从而掌握某个系统一定时期内的活动变化、发展趋势，而体育测量学不仅能起到这个作用，并且还能使管理变主观为客观，变静态为动态，变经验型为科学型。可以说，体育测量学应该而且必须成为体育管理活动中的一项常务性工作环节。

3. 激励作用

可靠而有效的测量和客观评价有利于竞争,并且调动多方面的积极性。任何评估、考核、测验等均要求有一套有效的测量指标体系，而且在得到可靠的测量结果后，还必须利用科学的评价原理选择合理的评价方法，这样才能保证所进行的评估、考核、测验的公正性，才能真正做到以评价促管理、以评价促建设，真正起到测量评价的激励作用。如果在评价测量中的任何一环节中出现了错误或偏差，导致了不公正的评价结果，则可能使激励作用丧失殆尽。

4. 诊断作用

科学的管理和正确的指导来自合理的诊断。即找出问题的关键所在，及时采取矫正或补救措施。体育测量学也恰恰能起到这个作用。如体育教学中的因材施教，体育教育中的办学特色的形成。对某种社会体育现象的剖析，对体育竞赛中的运动焦虑心理预防等等，都需要以科学的测量为基础形成合理诊断。

5. 鉴定作用

评价是根据测量结果对评价对象做出某种价值判断或者做出某种资格的鉴定，也有利于各种选拔。例如：对学校教学水平的评估，对教师教学能力的鉴定，对学生学习成绩的判定，对居民体质健康的检查，对心理问题的咨询等等，小到个人健康问题，大到社区和谐甚至国家发展问题，均离不开测量和评价。而体育测量学涉及生理、社会、心理的方方面面，其鉴定作用也贯穿于体育教学与训练、体育社会、体育心理、体育管理等等各个方面。

三、体育测量学科的发展概况

追溯体育测量发展的历史，大体上可以分为以下五个阶段：人类学测量时期、肌力测量时期、循环机能测量时期、运动能力综合测量时期、标准化测量时期。

早在公元前 3500～2200 年，已经有了类似人体测量方面的研究存在。如古埃及、希腊、印度等国，为了了解身体各环节比例，对身体的各个部位进行了测量，试图用人体某一部位作为身体整体测量的计量单位。如印度文化中即有 Sastri 的论文，把人体分为 480 个部位来研究其轮廓；古希腊的雕刻家们，结合对模特的研究，雕塑出了众人所欣赏的一个完全匀称的人——掷枪人（Spear Thrower）的标准人型；罗马的雕塑家们不仅仿效了希腊雕塑家的风格，而且还有所独创，塑造出了另一种独特的、匀称的人体线条模型。

我国远在 2000 多年前，已有了关于人体测量方面的研究记载。如祖国医学经典著作《黄帝内经·灵枢》中的"骨度篇"，对人体测量方法已经有了较详细的阐述。

关于人体测量方面的大量研究出现在 19 世纪中后叶时期，当时主要以身体左右对称及各部分比例为研究重点。如：1860—1880 年，美国马萨诸塞州（Massachusetts）的 Edward Hitchcock 由于开展这些方面的大量研究而被美国体育测量界尊称为"体育测量之父"。此后，哈佛大学的 Dudley Sargent 发展和实施了有组织的大面积群体测量，并将第 50 百分位数作为基准值进行评价，这一研究成果为体育测量学科的发展做出了极大的贡献。然而，最早在为方面著书立说进行系统研究的是 E.G.Martin，1925 年他撰写了《人体测量学》一书，主要涉及的内容是体型分类及运动对人体形态的影响。

19 世纪末，科学家一致认为，与其研究肌肉的大小，还不如研究它的机能更有价值。因此，研究重点由人体形态测量转向肌肉力量测量。1896 年 I.H.Kellogg 发明了测力计，用来测量各肌力群力量，由于其造价昂贵而无法推广使用。1914 年 E.G.Martin 在研究小儿麻痹病儿肌肉状态时，发现"局部肌力是全身力量的良好标志"这一原理，使肌力的测量研究大大地前进了一步。之后研究者发现"身材高大的人不一定是强壮的人，强壮的人也不一定具有高度的耐久力"，这就将对肌力大小的测量研究身体的机能状态研究联系起来了，于是心血管机能研究得到了迅速的发展，研究者们逐渐开始对肌力、机能、疲劳等进行综合研究。

20 世纪初，随着社会的发展和科学技术的进步，研究者们发现，仅仅用一个简单的单项测验来反映人体实际运动能力是远远不够的，于是逐渐转向综合测验的研究。1901 年 Dudly Sargent 率先创立了 6 个单项测验组成的成套测验（test battery）。当时，一些发挥人体基础运动能力的跑跳、腾越、攀登及其他综合性测验很快得到普及，同时对人体运动能力综合评价的理论和方法也随之发展起来。

根据麦吉（MCgee）的研究，体育测量学作为一门独立学科的时间不长，只有一百多年的历史，其发展简况可参考表 1-1。

表 1–1　体育测量学的发展历史

内容	时间
形态测量	1860—1890
力量测量	1880—1910
心血管系统测量	1900—1925
运动能力测量	1900—1935
社交感知测量	1920—
评价	1920—
技术测量	1930—
知识测量	1940—
适应性测量	1940—

随着体育国际交流的激增，国际比较研究也日益增加，不同地区、国家之间不仅要求在测量内容方面力求统一，同样在测量仪器、测验的组织实施程序方面也要求统一，以便使测量达到标准化、规范化。如美国的"体育及格标准"、苏联的"劳卫制"、日本的"体力测定"、中国的"学生体质调查"等的出现，标志着体育测量进入了标准化测量时期。1964 年成立的国际体力测量组织于 1974 年以"国际体力测量标准化委员会"名义公布了标准化测量内容，进一步促进了体育测量学科标准化的发展。

20 世纪 80 年代初期，我国华南师范大学的陈俊良教授在广州体育学院工作期间率先翻译了第一本美国测量评价专著，引进了体育测量学科。1982 年，陈俊良、杨迺军等人，在广州体育学院举办了全国第一期体育测量学培训班。1984 年，北京体育大学（原北京体育学院）组织编译了美国的《体育教育中的评定》、日本的《体力测定与评价》、苏联的《运动计量学》。1985 年，北京体育大学的刑文华教授等正式出版了《体育测量学基础》。1995 年，全国体育院校出版了《体育测量评价》统编教材。近年来，全国各大体育院系均开设了"体育测量学"课程，并根据专业的不同而将其设立为必修课程或选修课程。

纵观体育测量学科的发展过程，可以发现，测量的内容越来越广泛，测量的方法和手段越来越进步，测量评价的理论越来越科学。其发展的特点可以概括为以下几个方面：

（1）由对人体外部的形态学测量，发展到与之有密切联系的内部机能测量，又发展到运动能力、运动技术、适应性等的动态测量。

（2）由人体的形态测量、体育测验扩展到体育教育、竞技训练、社会体育、运动心理、体质与健康等方面的测量。

（3）由单一指标的测量（单项测验），发展到多指标组合的综合性测量（成套测验）。

（4）由物理量的测量，发展到对非物理量的测量。

（5）由简单的常规指标的测量，发展到实验室精密仪器的测量，又以实验室精密仪器为检验效标，发展为简易、实用、易于普及的测量。

（6）由原始的、分散的、缺乏科学程序的测量，发展到标准化、规范化的测量。

而这些特点的背后，也伴随着测量评价理论的进步。随着数理统计理论与计算机技术的进步，项目反映理论、概化理论、模糊数学理论、灰色理论等应运而生，使现代测量理论和评价理论克服了经典测量理论和评价理论不足而更显其科学性。

【思考与练习】

1. 测量与评价的关系。
2. 体育测量学科的性质。
3. 体育测量学科的特点。
4. 体育测量学科的作用。
5. 体育测量学科的发展概况。

第二章　体育测量的基本理论

第一节　测量与概念操作化

一、测量的定义及种类

测量（measurement）是人类生产和生活中普遍存在的现象。农业生产要丈量土地面积，工业生产要测量产品的技术指标，地质勘探要测定海拔高度和地质指标，医疗工作要测定人体的生理指标，教育工作要测定学生的学业成绩，体育工作要测定学生（或运动员）的运动水平。至于科学研究中的测量活动就更加普遍，更加严密了。那么究竟什么是测量呢？

简单地说，测量就是依据一定的法则使用量具对事物的特征进行定量描述的过程。

所谓"一定的法则"，是指任何测量都要建立在科学规则和科学原理基础之上，并通过科学的方法和程序完成测量过程。有的测量依据的法则比较科学完善，而有的测量依据的法则相对粗糙和欠成熟，如社会测量、心理测量等，比较而言，其结果准确性和可靠性较差；有的测量操作比较直观和简单，如用尺子量物体的长度，一般人无须经过专业训练就能掌握；而有的操作较为复杂，如运动生物力学中的技术动作剖析等。

所谓"量具"，是测量中所用的工具。例如：重量测量中的杆秤、天平、电子秤，长度测量中的皮尺、钢尺，体温测量中的温度计，等等。不同的测量要用不同的量具，不同的量具所用的单位和参照点也不同。

所谓"事物的特征"，是指被测量事物的特定属性。例如：运动员身材的高矮、运动场地的面积大小、肺活量的体积、物体运动的速度、身体脂肪的含量等。事物有各种各样的特征，对不同的特征要用不同的测量工具、依据不同的法则进行测量。

所谓"定量描述"，是指任何测量结果总是对事物特征的量的确定，即"量化"。测量通常是以数量来表示其结果的，不是用数量来表示的结果，如"这个物体是重的""那个篮球运动员很高"等，严格说来都不能算是真正意义上的测量。虽然有时人们把诸如"1"代表前锋，"2"代表后卫这样的做法也叫测量，但这里的数字仅仅是一种符号，并不是数量，至多是一种"定类测量"。

二、测量的分类

测量技术被广泛地应用于工农业生产、商业活动、科学研究和人们的日常生活领域。根据测量对象的性质和特点，可以将不同的测量按照性质分为四种类型：

1. 物理测量

物理测量即对事物的物理特征的测量。如长度测量、面积测量、重量测量、速度测量等。

2. 生理测量

生理测量即对机体生理特征的测量。如对动植物各种化学成分含量的测量，对人体生理机能的测量等。

3. 心理测量

心理测量即对人的心理特征的测量。如智力测量、人格测量、职业兴趣测量、态度测量等。

4. 社会测量

社会测量即对社会现象的测量。如在人口普查、经济统计、民意调查中所使用的测量技术均属于社会测量。

体育科学属于综合学科，既含有自然科学的成分，又含有社会科学的成分，因此，上述四种测量类型广泛应用于体育科学之中。

三、测量与概念操作化

在体育测量中，也牵涉到社会学、心理学和教育学等方面的测量内容，而这些内容中有许多是十分抽象的概念。如体育道德、体育资源、地位、权力、声望等。这些概念看不见、摸不着，这必然就给测量带来了困难。要使这些概念能够被测量，必须对它们进行操作化处理。为了更好地解释概念操作化，有必要先对概念、变量、指标和量表的概念做简要说明。

（一）概念、变量、指标和量表

1. 概　念

概念是对现象的抽象，是某类事物的属性在人们主观上的反映。比如，"凳子"是一个很简单的概念，当说到凳子时，不同人的头脑中会出现各种不同种类的凳子：有的是木制的，有的是钢铁的，有的是方的，有的是圆的，有的是黄色的，有的是棕色的，等等。尽管这些凳子不完全一样，但它们具有某些共同的特征：有若干条腿支撑着供人坐的平面。而凳子的概念正是对具体的、各不相同的凳子的抽象。

由于现实世界中事物和现象的类型、结构不同，复杂程度也不同，决定了概念的内涵和外延也不同，所以概念的抽象程度也有高低。

2. 变　量

在社会学研究中，人们借用了一个数学术语，把所研究的概念称作变量（变项）。所谓"变量"即指经过严格界定的概念。或者说，具有一个以上不同取值（不同的子范畴，不同属性的亚概念）的概念。而那种只有一个固定不变的取值的概念，则叫作"常量"。如水的冰点，黄金分割率，圆周率等。

在科学研究中，可以依据不同的标准，将变量分为多种类别。

（1）自变量和因变量。

根据一组互有关联的变量之间的因果关系来区分，可把变量分为自变量和因变量。引起其他变量产生变化的变量称为自变量（independent variable），它通常用大写英文字母 X 表示。随其他变量变化而变化的变量称为因变量（dependent variable），通常用大写英文字母 Y 表示。如："科学选材和训练提高了运动员的成才率""高的受教育程度倾向于低的生育率""工业化导致人际关系疏远""酒后开车会造成交通事故"等，这些说法利用因果关系把两个变量联系起来。

（2）离散型变量和连续型变量。

根据变量取值的分布状态来区分，可将变量分为离散型变量（discrete variable）和连续型变量（continuous variable）。连续型变量的特征，是在量尺（测量尺度）上任意相邻两点之间都能加以细分，并得到无限多个变量值（通常可以带有小数点），而且这些经过细分的变量值有实际的意义。如对时间、长度、重量的测量，根据测量要求及测量工具的精确度，会得到不同精度的实测值。而离散型变量的特征是，各实测值通常为整数，在量尺上任意相邻两点之间不可细分，或者说细分后的结果没有实际意义，如学校的个数、班级的人数、引体向上的次数，比赛名次等。

显然，连续型变量的取值与测量的精确度有关系。同样一个数字可以表达不同的精确度。例如，12 秒可以表达成：12″、12.0″、12.00″、12.000″，虽然都是 12 秒，但四个 12 秒所反映出的精确度是不同的，分别为 1 秒、1/10 秒、1/100 秒、1/1000 秒。这一点在测量中应特别注意。

（3）定类变量、定序变量、定距变量和定比变量。

根据所使用的定类尺度、定序尺度、定距尺度、定比尺度四种测量尺度，可相应地将变量分为定类变量、定序变量、定距变量和定比变量四种类型。

3. 指　标

把表示一个概念或变量含义的一组可观测到的事物或现象，称作这一概念或变量的一组指标（indexes）。通过指标测试，实现从经验层面对变量进行测量的目的。指标是概念（或变量）内涵的指示标志，直接表示经验层次的现象。例如：迅速地辨识地图是"智力"的一个指标，耐心回答行人的问路是"同情心"的一个指标，是否赞成公务员的考试制度是"政治参考"的一个指标，30料跑是反映人体位移速度的一个指标，立定跳远是反映人体下肢爆发力的一个指标等。

有时，指标只是表示概念（或变量）的某一方面或某一部分内容，因此，要更有效地测量概念（或变量）就需要多个指标（或称综合指标）。

4. 量　表

一个量表（scale）则是一种具有结构强度顺序的综合测量指标，即全部陈述或题目（或项目）都是按照一定的结构顺序来安排，以反映出所测量的概念或态度具有各种不同的程度，可见，量表就是指标，但指标并不一定是量表。

例如，如果测量人们对黑人的态度，可以构建表 2-1 那样的一个量表。显然，量表中的 5 个项目存在着一种趋强的顺序。

表 2-1　鲍格达斯社会距离量表

	是的	不是的
1　你有意让黑人生活在你的国家吗？	□	□
2　你有意让黑人生活在你所在的城市吗？	□	□
3　你有意让黑人住在你们那条街吗？	□	□
4　你有意与黑人交朋友吗？	□	□
5　你有意让你的子女与黑人结婚吗？	□	□

引自袁方，2001，305 页。

量表可根据它的测量内容分类。如态度量表、能力量表、智力量表、人格量表，等等。

值得注意的是，在社会学研究中，量表的概念经常地用来表示包括判断或主观评价的测量，特别是在度量态度和观念的程度和差异时，量表比单一指标或单项问题的测量能获得更多、更真实、更准确的信息，能通过间接的、定量的方式衡量那些难以客观度量的社会现象。

（二）概念操作化

简单而言，操作化（operationalization）就是将抽象的概念转化为可观察的具体指标的过程。它是将那些抽象层次较高的概念转化为可观测的具体指标的过程。

1. 操作化的意义

操作化在体育心理和体育社会研究中有极为重要的作用。只有通过操作化过程，才可能将一些思辨色彩很浓的理论概念转变成、"翻译成"经验世界中那些人人可见的具体事实。因此，可以说操作化是体育社会研究中由理论到实践、由抽象到具体这一过程的"瓶颈"。从理论思维的天空到经验研究的大地，有着相当远的距离。而这种操作化过程，就是沟通抽象的理论概念与具体的经验事实的一座桥梁。它为在研究中实际测量抽象的概念提供了关键的手段。例如："同情心"这一概念，虽然人们既不知道它的形状、大小、颜色，也没有触摸过。但是，当将其操作化为"主动帮助盲人过街""主动给讨饭者钱物""主动为灾区捐款"等具体现象时，人们就会在现实生活中看到它，并测量它了。

2. 操作化的方法

一般而言，操作化过程包含两个方面的内容：一是概念的理论定义；二是概念的操作定义。

（1）概念的理论定义（或抽象定义）。

不同时期不同研究者在定义同一概念时常常包含着大量不同的成分，在此概念基础上的内涵（或外延）往往具有实质性的差异，因此，在研究中需要对主要的概念进行某种澄清和界定工作，从而避免不同的研究者用同一概念来表达不同的含义。通过精确地指出一个概念包括什么，排斥什么，就可以为与该概念相关的资料组织和分析提供指导性的框架，也可以使与该概念有关的不同研究者的研究结果具有可比性。如"三好学生"的经典理论定义是"德、智、体、美、劳全面发展的学生"。

（2）操作定义。

概念的理论定义只是解决了在抽象层次对概念的界定问题，即规划了抽象概念内涵的具体范围。接下来的任务就是操作定义问题。所谓操作定义即指寻找与已经确定的抽象概念的内涵相对应的经验指标。这一工作更具体，更具挑战性。通常的做法有以下几种：

第一，用客观存在的具体事物来进行操作定义。

例如，关于农民生活水平的调查中，可以将农民分为"贫困户""温饱户""小康户"和"富裕户"几种类型，用年人均纯收入这一客观存在的具体事物给上述四类农户进行操作定义，见表2-2。

表2-2　对农民生活水平的操作定义

	贫困户	温饱户	小康户	富裕户
年人均纯收入（美元）	≤500	501~1000	1001~3000	≥3001

第二，用看得见的社会现象进行操作定义。

如前所述的对"同情心"的操作定义，再如"纪律性"可以有用出勤率、迟到早退的次数、旷工（课）次数、违反纪律次数等可感知的社会现象来进行操作定义。

第三，用量表的形式来进行操作定义。

下面介绍一个对领导干部能力考核量表（见表2-3）。

表2-3　领导干部的能力考核量表

	很强（5）	较强（4）	一般（3）	较差（2）	很差（1）
调查研究能力	□	□	□	□	□
科学决策能力	□	□	□	□	□
使用干部能力	□	□	□	□	□
组织管理能力	□	□	□	□	□
协调服务能力	□	□	□	□	□
思想工作能力	□	□	□	□	□
写作能力	□	□	□	□	□
演讲能力	□	□	□	□	□

引自高燕、王毅杰，2002，51页。

此量表对领导干部德、能、勤、绩四个方面中的"能"进行考核，由被考核领导干部的上级、下级和同级干部填写，然后汇总，按照一定的权重计算总分（上级30%、同级30%、下级40%）。

特别要注意的是，操作定义必须要与理论定义相吻合，过宽过窄都不行。

3. 操作化的多样性

对于同一概念，即使有了大家都公认的理论定义，但在操作定义时，有的很差、甚至不可能在具体现象中找到其所对应的指标；而且，在许多情况下，一个操作定义往往不能够十全十美地反映一个概念，或多或少会出现偏差；另一方面，在概念的操作化过程中，往往在具体方法和测量指标方面存在多种不同选择。这也就是说，操作定义的结果，可能会产生出不同的测量指标，即表现为操作化的多样性。

四、测量误差

测量误差（measurement error）指在测量过程中由那些与测量目的无关的变化因素所产生的一种不准确或不一致的测量效应。这里，可以多两方面进行理解：其一，测量误差是由那些与测量目的无关的变因所致；其二，测量误差表现为不准确或不一致两种方式。

例如，当我们去小摊上买水果时，若摊主偷换了秤砣，其实测结果一定不准（误差的表现方式之一）。假如摊主的秤是合乎要求的，但他在操作时故意快速地耍了手段，其测量结果一定与你复秤时所得结果不一致（误差的表现方式之二）。这里，误差的产生全是由那些与测量目的无关的变因（修改测量工具、不正确地使用工具）所致。

（一）"测不准"原理

科学研究表明，不管是对物理量的测量还是对非物理量的测量，任何测量都存在误差。其原因在于测量者本身的素质问题，也在于任何一种测量方法、测量工具都有误差，同样也在于测试对象本身的问题。因此，有人提出了著名的"测不准"原理。

自然科学中的测量有精度和纯度问题，人们找不到一个百分之一克的物体，只能近似地相信一个"标准砝码"；也找不到一个毫无误差的测量工具，哪怕是最先进的核子测量设备。社会研究、教育与心理研究更是如此。因此，在体育测量中，误差无处不在、无时不有。

比如，在概念化操作过程中，把抽象的概念转变成经验指标时，就已经损失了许多信息；在测量过程中，又由于受试者的原因、测试者的原因、环境的原因等等，又会损失一些真实的信息。但是，误差是可以控制的，至少可以控制在最小限度（尽量这个最低限度是多少仍然未知）。那么在严格控制误差的条件下，各种研究中的测量结果还是可以接受的。

（二）误差的分类

1. 随机误差

随机误差又称偶然误差。指在测量中由一些偶然的主观或客观因素引起的、与测量目的无关的、又不容易控制的测量误差。它使多次测量产生了不一致的结果，其方向和大小完全是随机的，其存在是绝对的。随机误差既影响测量的稳定性，又影响测量的准确性。但是，随机误差随着测量次数的增加，其变化会呈现一定的规律性。例如，在进行手枪射击时，很难控制手臂的轻微摆动，结果多次射击的成绩不一致，造成误差，这种误差就是随机误差。理论上讲，含有误差的实测值总是围绕真值（反映事物或现象的真实情况的值）上下波动，那么，在增加测量次数的情况下，实测值的平均数则非常接近真值。

所以说，除了严格按照标准化测量条件的要求，实施标准化和规范化的测量外，增加测量次数也是减少测量误差的有效方法之一。

2. 系统误差

所谓系统误差即是那种由与测量目的无关的变因引起的一种恒定而有规律的效应。这种误差稳定地存在于每一次测量之中，此时尽管多次测量的结果非常一致，但实测结果与真值之间有所差异，是不正确的。如在实际测量中，测量仪器未校准至测试要求出现的测量误差、测试条件过宽或过严而使测量结果出现规律性的偏大或偏小。又如在射击过程中，尽管射手非常优秀，每次都很一致，但若是枪的准心有点毛病，则其射击结果仍将会有稳定的偏差。再如在理论测验中，若有一道 10 分的题目标准答案给错，则全体正确作答该题的考生的成绩将普遍下降 10 分，这也是系统误差。与随机误差不同，系统误差只是影响测量的准确性，不影响其测量的稳定性。

对于事前已知的测量误差，可以进行系统的修正，最可怕的是对已经出现的系统误差毫无察觉，更不知其大小。对这类误差的消除办法是提高责任心，严格执行标准化测量，随时检查、及时发现和纠正错误，加以排除。另外，通过增加测量次数，也可以将由测量方法过宽或过严而产生的系统误差转化为随机误差，使其降低到最低限度。

3. 过失误差

在测量中由于测试者的过失造成的误差称为过失误差。如看错、读错、记错等。只要认真负责，加强测试者的责任心，并加强测试现场的监督检查，严格管理并执行验收制度，这类误差是可以避免的。在最后资料整理过程中再进一步复查、鉴别，对异常数据进行删除或重新测量，就可以避免或减少由于过失误差而影响到统计结果的可能性。

4. 抽样误差

由于抽样的原因而引起样本统计量与总体参数之间的差异叫抽样误差。因此，尽管测量中严格遵守抽样原则，但不论用何种方法抽样，因为个体之间的差异，从总体中抽取样本进行研究，样本统计量和总体参数之间是不会完全一致的。

抽样误差的大小取决于三个因素：① 样本数量的大小；② 个体差异的大小；③ 抽样方法的合理性。所以，在人力、物力、时间等条件允许的情况下，严格遵守抽样原则，扩大样本含量，提高样本的代表性是减少抽样误差的最有效办法。

（三）误差的来源

体育测量内容不仅含有物理量的测量，而且含有大量的非物理量的测量；不仅包含对具体事物的测量，而且包含着对复杂人体的各种属性的测量。因此，测量中的误差要比纯物理学、纯社会学中的误差来源复杂。另一方面，为了后续的测量科学性理论（即有效性、可靠性和客观性）的叙述方便，本书主张把体育测量中测量误差主要来源（即误差源）分为四个方面：测量工具、受试者、测试者和测验本身。

1. 测量工具

这里的测量工具是指传统物理中的测量工具，如：皮尺、秒表、磅秤等。在实际的测量中，可能出现仪器本身的偏差，当然，这种系统性偏高或偏低的误差属于系统误差。

2. 受试者

即测量对象（指人）。对受试者实施测量的目的是，获得他们某一方面的真实水平或能力的数据（即真值）。但人体身心活动的信息是不断变化的。因此，受试者对测量的应答也随其变化而变化，从而导致测量观测数出现差异。受试者产生误差分为三个方面；① 诸如人体生长发育、健康、体质等生理因素造成的不可避免的误差；② 受试者病后初愈、准备活动不足、疲劳、环境、气候及意志力等一些无法避免的随机因素造成的误差；③ 因受试者思想态度问题而故意敷衍了事、故意不认真配合测试者的测量等引起的误差。

3. 测试者

除了测试者产生的过失误差外，还有一种由于测试者（如裁判、教师、主考官等）态度的原因而故意压低或故意提高某些测量数据而产生的误差。另外，在体育运动中，特别是一些主观评分项目，如体操、跳水、武术等，由于测试者规则（或测验细则）理解不同、测试者个人经历不同、测试者观测的角度不同等随机因素，而造成主观评分不一致。这一种"评分误差"是体育测量中的研究重点，本书将在后续的"测量的客观性"中详细叙述。

4. 测验本身

在体育社会学、体育心理学的概念人、操作化过程当中，"操作定义"如果不能很好地反映"理论定义"的内涵和外延，即作为操作化结果的经验指标不能很好地反映抽象概念的主要内容和特点，那么，毫无疑问，这个测验（或指标，或量表）本身产生了误差。进一步来讲，即使是在后续的测量中，测试者和受试者均认真测验而没有产生任何误差，但这种误差仍然存在；更严重的是，如果没有认识到这一点，在此测量的基础上进行研究得出结果的科学性将大受影响，甚至得出错误的结果（或结论）。

在运动素质测验中，如果用做至力竭的引体向上（传统的引体向上）评价而不测验学生的上肢爆发力，测量结果也会产生误差。因为用传统的引体向上测验来反映上肢爆发力是不准确的。

在教育测量中，如果学生认真学习认真考试，教师认真教学，但是统考的试题太难或太易，造成大家都低分或都高分，显然，这种误差是由测验本身引起的，属于系统误差。另一方面，如果教师在试卷命题时选择的内容（相当于样本）太少，太偏或不具代表性，则不能很好地反映整个教科书的内容（相当于总体），那么，以此试卷来测试学生而得的成绩必然有误差，显然这种误差是由于试卷的科学性较差引起的，类似于抽样误差。

测量工具、受试者和测试者产生的误差，是最容易理解的。但是，测验本身的误差却是最不容易理解且容易忽视的。关于这一点，还将在后续的"测量的有效性"内容中详细叙述。

五、真值及其有关的假设

在日常生活中，人的身高、体重等特征比较容易测量。因为这些生理属性比较稳定而直观，其测量工具也容易制作和使用。然而，人内隐的机能、素质和技术水平、心理和智力等是否稳定？它们能够测量吗？如果能，又必须具备哪些条件呢？下面讨论经典测量理论（classical test theory），简称 CCT 的若干基本假设。

（一）真值的含义

测量对象的某种测量内容（或特征）经测量后表现为一个数值，这个数值被称为"实测"（observed score 或 obtained score，简称 X），也称"观测值""观测数""测量所得的值""实测分数""观测分数""原始观测数"等。

为了研究方便，把反映测量对象（或受试者）某种特征的真正水平（或能力）的那个数据称该特征的"真值"，也称"真分数"（true score 简称 T）。

由于测量误差的绝对存在，实测值往往难以与真值完全一致，它总会略高于或低于真值，有时还会严重偏离真值水平。例如，平常所说的"某某基本上考出了他的水平"或"某某的人格被基本上测出来了"或"某某在这次比赛中超水平发挥"等，就是对这种测量现象的一种定性描述。

显然，真值是一个理论上构想出来的抽象概念，在实际的测量中是很难直接测得的。因为按照"测不准原理"，任何一种测量，无论它有多么科学，总会存在误差。但是，误差是可以控制或减小到最低限度的。也就是说，只能通过改进测量工具、完善操作方法等办法来使实测值尽量接近真值。只要实测值与真值间的误差不是太大，或者说误差被控制在可接受的范围之内，这样的测量就是可以接受的了。

（二）数学模型及其假设

既然实测值很难等于真值，那么二者之间是什么关系呢？经典测量理论假定，实测值（X）与真值（T）之间是一种线性关系，并相差一个随机误差（E）。即：

$$X = T + E \qquad\qquad （式 2-1）$$

这就是经典测量理论（CTT）关于真值的数学模型。

根据 CTT 模型和假设，很容易推导出如下关系：

$$S_X^2 = S_T^2 + S_E^2 \qquad\qquad （式 2-2）$$

式中，$S_X^2 =$ 实测值的方差（实方差）

$S_T^2 =$ 真值的方差（真方差）

$S_E^2 =$ 误差的方差（误方差）

即：在一次群体测量中，受试者实测值的方差等于其真值方差与误差方差之和。

第二节　测量的可靠性

一、可靠性概述

测量的可靠性（reliability），又称测量的可信度，是指测量结果的可信程度或一致性程度。这是最简单的可靠性定义（即一般定义），它不但可以表示个体测量结果的可靠性，也可以用来说明群体测量结果的可靠性。

关于一些物理量的测量，比如，长度、质量、速度等，只要严格按照测量法则进行测量，即使是单次测量结果也具有较高的可信度，多次重复测量的结果一致性程度也较高。而关于一些非物理量的测量，如人的行为、智力和态度等，即使严格按照测量法则实施测量，不但单次的测量结果可信度不会很高，重复多次的测量结果也可能会出现一定的误差。这种误差的大小决定了某些测量指标的可靠程度。

根据经典理论（CTT）模型和假设推出的关系（$S_X^2 = S_T^2 + S_E^2$），本节给出可靠性定义（即理论定义），即可靠性乃是真值方差（S_T^2）与实测值方差（S_X^2）之比。表达式为：

$$r = S_T^2 / S_T^2 \qquad\qquad （式 2\text{-}3）$$

但是，上述只是理论上的构想，因为在实际测量中，只能直接计算实方差（S_E^2），无法直接计算真方差（S_T^2）和误方差（S_E^2）。所以在实际的信度检验中，无法用式 2-3 的计算公式直接进行计算。

看来，对可信度的检验，无法进行精确的计算，而只能在统计学的基础上进行估算。于是便出现了关于测量可靠性的第三个定义（即统计定义）；测量的可靠性是指在相同的测量条件下，对一批受试者使用相同测量手段，重复测量结果的一致性。

可见，这一可信度定义与前两个相比，便具有了实用性和可操作性。即在经典测量理论假设的基础上，结合数理统计知识，就可对测量的可靠性进行估价了。

二、测量的可靠性（可信度）

1. 可靠性（reliability）概述

（1）可靠性的一般定义：是指测量结果的可信程度或一致性程度。

$$X = T + E$$

$$r = T/X = (X - E)/X = 1 - E/X （E = 0、r = ?）（X = E、r = ?）$$

（r 的取值范围？）

（2）可靠性的理论定义：可靠性乃是真值的方差（S_T^2）与实测值方差（S_X^2）之比。

$$S_X^2 = S_T^2 + S_E^2$$

$$r = S_T^2 / S_X^2 = (S_X^2 - S_E^2) / S_X^2$$
$$= 1 - S_E^2 / S_X^2$$

（3）可靠性的统计定义：测量的可靠性是指在相同的测量条件下，对一批受试者使用相同测量手段，重复测量结果的一致性。

2. 可靠性的估价方法

（1）积差相关法。

表 2-4　某班 28 名学生两次立定跳远的成绩记录

次数　　学生	1	2	3	4	5	6	7
第一次（X）（m）	2.13	2.24	2.32	2.22	2.04	2.08	2.11
第二次（Y）（m）	2.15	2.18	2.30	2.25	2.06	2.11	2.15
	8	9	10	11	12	13	14
第一次（X）（m）	2.25	2.14	2.18	2.30	2.23	2.19	2.12
第二次（X）（m）	2.22	2.19	2.12	2.28	2.19	2.14	2.16
	15	16	17	18	19	20	21
第一次（X）（m）	2.23	2.24	2.32	2.12	2.08	2.04	2.21

第二次（Y）（m）	2.25	2.28	2.30	2.15	2.03	2.10	2.25
	22	23	24	25	26	27	28
第一次（X）（m）	2.15	2.24	2.22	2.26	2.20	2.15	2.02
第二次（y）（m）	2.12	2.18	2.18	2.27	2.20	2.15	2.06

重测信度的估算（积差相关法）：

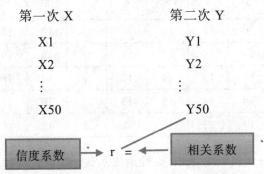

第一次 X　　　　　　　第二次 Y

　　X1　　　　　　　　　Y1

　　X2　　　　　　　　　Y2

　　⋮　　　　　　　　　⋮

　　X50　　　　　　　　Y50

信度系数　→　r ＝　←　相关系数

信度估价的操作步骤：

（1）测得 28 人 A 测验的第一次数据（X 列）。

（2）测得 28 人 A 测验的第二次数据（Y 列）。

（3）以积差相关法计算 X、Y 列的相关系数 r（Correlation coefficient）。

（4）分析相关系数 r（即可靠性系数）。

—— r 趋向于 0，说明什么？

—— r 趋向于 1，说明什么？

例如，中国修订版《韦氏儿童智力量表手册（C-WISC）》（戴海崎，1999）中就重测信度进行了如下说明：

（1）受试者情况——6—16 岁城市儿童 151 名，农村儿童 74 名，各年龄儿童分布较为均匀。

（2）时间间隔——2—7 周。

（3）相关系数——城市：0.59—0.86，农村 0.59—0.81。

（4）裂半法（Split　half reliability estimate）使用范围：一次完整测验中的多次（偶数次）测量数据。

适用条件：一般不适合事实式问卷，适用于态度量表（累加的李克量表，即围绕某个主题进行多种正、反面的陈述，由被调查者对陈述做出选择）。

方法：裂半法——奇数次数据与偶数次数据相关（Odd-even split）。

表2-5 某班18名同学选择题（40分）得分情况

次数 \ 学生	1	2	3	4	5	6	7	8	9
奇数题（分）	15	14	10	18	13	20	13	17	15
偶数题（分）	13	16	14	19	12	18	13	16	10
	10	11	12	13	14	15	16	17	18
奇数题（分）	17	14	18	18	15	15	12	10	11
偶数题（分）	16	12	17	13	16	18	16	13	10

积差相关法计算出 $rhh = 0.544$（$P<0.01$），经斯皮尔曼—布朗公式校正得 $rtt = 0.704$。

例：有研究在（柯惠新，2000）亚运会期间对北京地区1220人进行了对亚运会的态度调查，态度量表中包括了12个问题，它们是：

① 能提高国际声望；② 我感到自豪；

③ 财政困难不该举办；④ 影响我也没有关系；

⑤ 能振奋民族精神；⑥ 能带来经济效应；

⑦ 不如把钱用于改善生活；⑧ 能显示了社会主义优越性；

⑨ 有些铺张浪费；⑩ 对会后经济感到忧虑；

⑪ 集资增加了人民负担；⑫ 能展现安定团结改革成就。

用裂半法计算出 $rhh = 0.6352$，$rtt = 0.7769$。检验一致可靠性的具体操作步骤如下：（以北京地区1220人回答上述"态度量表"为例）

三、可行性的估价方法

（一）积差相关法

用积差相关法求可靠性系数比较简单。它只需要两组数据（实测值），故广泛用于可靠性的估算。积差相关法的计算公式如下：

$$r = (N\sum XY - \sum X\sum Y)/\sqrt{N\sum X^2 - (\sum X)^2[N\sum Y^2 - (\sum Y)^2]}$$ （式2-4）

式中　r 为测量的可靠性；

　　　N 为样本含量；

　　　X 为第一次数据；

　　　Y 为第二次数据。

【例2.1】　表2-6是某班28名学生两次立定跳远的成绩，以积差相关法计算其可靠性系数，得 r = 0.887。经显著性检验，达到非常显著性水平（P<0.01），说明学生测验成绩是可靠的。

表2-6　某班28名学生两次立定跳远的成绩记录

次数＼学生	1	2	3	4	5	6	7	8	9	10	11	12	13	14
第一次（X）（m）	2.13	2.24	2.32	2.22	2.04	2.08	2.11	2.25	2.14	2.18	2.30	2.23	2.19	2.12
第二次（Y）（m）	2.15	2.18	2.30	2.25	2.06	2.11	2.15	2.22	2.19	2.12	2.28	2.19	2.14	2.16
	15	16	17	18	19	20	21	22	23	24	25	26	27	28
第一次（X）（m）	2.23	2.24	2.32	2.12	2.08	2.04	2.21	2.15	2.24	2.22	2.26	2.20	2.15	2.02
第二次（Y）（m）	2.25	2.28	2.30	2.15	2.03	2.10	2.25	2.12	2.18	2.18	2.27	2.20	2.15	2.06

采用社会统计学软件（SPSS11.0）进行计算，具体操作步骤是：进入 SPSS—定义变量 X、Y—输入数据—点击 analyse—选择 correlation—点击 bivariate—选择 X、Y 入 variable 框—点击 ok—阅读计算结果。或者：分析—度量—可靠性分析—输入变量—统计量—摘要相关性—继续—OK。可靠系数＜＝＞摘要相关性系数结果一致。

（二）方差分析法

当对多组数据进行可靠性检验时，无法直接用积差相关法，但可以直接用方差分析法。方差分析法的公式是：

$$r = (MS_B - MS_W) / MS_B \qquad （式 2-5）$$

式中，r 为可靠性系数；

MS_B 为个体间均数；

MS_W 为个体内均方差。

【例 2.2】 表 2-7 详细记录了某班 25 名同学 3 次罚球的命中次数（每人罚球 10 次），经过 SPSS 统计处理（所用公式与本文的公式略有不同，但结果接近），结果见表 2-8。检验表明：三组数据之间的差距较大，几乎要达到了 0.05 的水平；可靠性系数的计算结果为 0.4735。显然数据的可靠性较差。

表 2-7 某班 25 名同学篮球罚球次数统计表

学生\次数	1	2	3	4	5	6	7	8	9	10	11	12	13	14	15	16	17	18	19	20	21	22	23	24	25
第一次	5	9	3	7	9	7	3	6	7	9	3	8	6	5	4	4	8	8	5	6	5	6	4	6	8
第二次	6	8	4	5	2	3	4	4	6	7	4	6	6	4	7	5	7	4	5	3	6	8	6	3	4
第三次	5	7	3	5	9	7	3	8	7	8	4	7	6	6	5	5	6	6	5	5	8	4	6	7	6

SPSS 具体操作步骤：进入 SPSS—定义三个变量—输入数据—点击 analyse—选择 scale—点击 reliability analysis—选择三个变量 items 框—点击 ok—阅读计算结果（表 2-8）。

表 2-8 Analysis of variance

Source of Variation	Sum of Sq.	DF	Mean Square	F	Prob.	Reliability Coeffcients
Between People	106.9867	24	4.4578			
Within People	117.3333	50	2.3467			
Between Measures	13.6800	2	6.8400	3.1675	0.0510	0.4735
Residual	103.6533	48	2.1594			
Total	224.3200	74	3.0314			

（三）裂半法

裂半法适用于有多组（必须是偶数组）测量数据的可靠性检验，也可以用于教育心理或社会学中的一次测验的多个题目（必须是偶数个）的可靠性检验。这种方法要求将测量组数分为奇数组和偶数组，这样，多组数据就变成了两组数据（即奇数组的总分和偶数组的总分），可以用积差相关法计算这两组数据的相关系数，记作 r_{hh}。这个 r_{hh} 只是半个测量长度的可靠性，要得到整个测量长度的可靠性（ r_{tt} ），还必须通过下列"斯皮尔曼—布朗"公式加以校正：

$$r_{tt} = 2r_{hh}/(1 + r_{hh})\ 或实际/计划 \qquad\qquad （式 2-6）$$

【例 2-3】 表 2-10 是 18 名学生理论测验中选择题（共 40 分）的奇、偶数题目的总分，积差相关法（通过 SPSS）计算出 $r_{hh} = 0.544$（P < 0.01），经斯皮尔曼—布朗公式校正得 $r_{tt} = 0.704$。说明选择题的信度可以接受。

表 2-9　某班 18 名同学选择题（40 分）得分情况

学生\题目	1	2	3	4	5	6	7	8	9	10	11	12	13	14	15	16	17	18
奇数题	15	14	10	18	13	20	13	17	15	17	14	18	18	15	15	12	10	11
偶数题	13	16	14	19	12	18	13	16	10	16	12	17	13	16	18	16	13	10

SPSS 也可以直接计算出信度系数，具体操作步骤为：进入 SPSS—定义两个变量—输入数据—点击 analyse—选择 scale—点击 reliability analysis—选择变量入 items 框—在 model 框中选择 splithalf 选项—点击 ok—阅读计算结果（包括积差相关计算结果为 0.5444，经斯皮尔曼—布朗公式校正得 0.7038）。

（四）斯皮尔曼—布朗公式

在评估教育测验的可靠性时，有研究发现，随着测量长度（即测量的组数或次数）增加，可靠性会上升，如表 2-10 所示。

表 2-10　测量长度与测量信度的关系

题目数量	10	20	30	60	120	240	480
与原测量长度之比	1	2	3	6	12	24	48
信度系数	0.300	0.462	0.562	0.720	0.837	0.911	0.954

改自王汉澜，1987，93 项。

斯皮尔曼—布朗公式进一步总结了这一规律,并建立了广为引用的"斯皮尔曼—布朗"公式的通式:

$$r_{kk} = K, r_{11}/[1+(k-1)r_{11}] \qquad （式2\text{-}7）$$

式中　R_{11} 为原测量（测验）的可靠性；

k 为测量长度增加（或减少）的倍数；

r_{kk} 为测量长度增加（或减少）k 倍后的可靠性。

显然，当 $K = 2$ 时，（式 2-7）就变成了（式 2-6），说明（式 2-6）是"斯皮尔曼—布朗"公式的特例。

【例 2.4】　立定跳远测验中，每人测量 6 次，测量的可靠性系数达到 0.90，如果把测量次数增加到 12 次或减少到 3 次，试评估其可靠性。

首先，分别计算增加或减少的测量次数是原测量次数的倍数（K）。

$$K_1 = 12/6 = 2$$

$$K_2 = 3/6 = 0.5$$

其次，代入"斯皮尔曼—布朗"公式，计算测量长度变化后的可靠性系数。

$$r_{kk} = 2 \times 0.90/[1+(2-1) \times 0.90] = 0.95$$

$$r_{kk} = 0.5 \times 0.90/[1+(0.5-1) \times 0.90] = 0.82$$

由计算可知，当测量次数为 3 时，可靠性系数为 0.82；测量次数为 6 时，可靠性系数升至 0.90；再增至 12 次时，可靠性系数升至 0.95。所以说明，测量的可靠性随测量次数的增加而提高。

反过来，如果长度为 3 次的某测量的可靠性为 0.82，要使该测量的可靠性系数升高到 0.90、0.95，测量次数分别要增至多少次？显然，计算结果是 6 次和 12 次。虽然 12 次的测量可靠性最高，但 6 次的测量可靠性也是较高的，3 次也可以接受。所以在考虑人财物力的情况下，该测量的长度应选择 3 次或 3-6 次为宜。不难发现，"斯皮尔曼—布朗"公式可以用来调整测量的长度，使测量尽可能简单易行的同时，可靠性又达到预定的要求。

四、可靠性分类

测量的可靠性，一般分为三类：稳定可靠性、一致可靠性和等价可靠性。

（一）稳定可靠性

稳定可靠性(internal-consistency reliability)指在两个不同的时间内(时间间隔可长可短)，在相同的测量条件下，重复同一测量结果的一致性程度。也叫重测信度（ test-retest reliability ）、复测信度、再测信度等。

这种可靠性的检验一般以"测验—再测验"（或"测量—再测量"）的形式进行。

一般以积差相关法估算这类可靠性的系数。

人们在对事物的某种属性或人体的某种行为特征进行测量时，总希望其属性特征具有相对的稳定性。也就是说，这种稳定性如果存在的话，即使间隔一定的时间再实施重复测量，两次的测量结果也应该是相等或相近。如果，两次测量结果的一致性程度很高，就可以认为，测量的结果是可靠的、可信的；反之，如果两次测量结果相差很大，则意味着测量的信度不高，可能是测量内容本身的稳定性问题，也可能是测量工具或测量操作方面的问题。

（二）一致可靠性

一致可靠性（ stability reliability ）指同一时间内，在相同的测量条件下，多次重复同一测量结果的一致性程度。也称裂半信度（ split-half reliability ）、分半信度、折半信度。

一致可靠性系数的评价方法主要采用裂半法，也可以用方差分析法。

与稳定可靠性方法不同的是，一致可靠性强调的是同一时间内的多次测量的信度问题，如 A 班每人立定跳远 6 次，B 班每人 30 米跑 4 次，对 C 群体进行含有 50 个问题的量表调查，对 D 群体进行 100 道选择题的理论测验，等等。显然，考虑到受试者的厌倦情绪、疲劳，测量容量的问题是必须考虑的。另一方面，对于一些运动负荷过大的体育测验则不易采用一致可靠性来估价其信度。如引体向上、长跑等，受受试者体力的限制，在同一时间内重复这类测量，其误差会显著上升。

（三）等价可靠性

等价可靠性（Equivalence reliability）指在两个不同的时间内，对受试者实施难度相同、而形式或题目不同的平行测验（量）结果的一致性程度评估。又称复本信度（Alternate-form reliability）。

可靠性的检验通常以"平行测验"的形式进行。如理论测验中的 A、B 卷，其难度相当。但题目形式不同。

通常采用积差相关法估算等价可靠性系数。

当同一测验不能或不适合实施两次时，就需要采用该测验的平行测验，或称复本（测验）。如理论测验，在不同时间内重复同一测验，那么第二次测验不可不受到第一次测验的心得、经验、练习效应等的影响。如果采用平行测验，这种影响则会在一定程度上得到避免。显然，等价可靠性是建立在"受试者在 A 测验中的表现应该与在平行测验 B 中的表现基本一致"的思维基础上。

五、影响可靠性的因素

（一）测量误差

影响可靠性的因素较多。从理论上讲，所有引起测量误差的因素均是影响可靠性的因素。其实，可靠性研究就是关于测量误差的研究，误差越大则可靠性越低，误差越小则可靠性越高。

（二）测量的长度

测量的可行性系数随着测量长度（组数、次数）增加呈现上升的趋势。韦斯特（West）在高尔夫球测量中，作了不同天数组合对可靠性的影响的研究（表 2-11），结果表明在测量天数相同的情况下，测量长度越长，可靠性系数也越高。在理论测量中（前面已述，见表 2-10），随着题目数量的增多，即测量长度增加，测验的信度有明显的上升趋势。"斯—布"公式的计算结果，也同样证明了增加测量长度，会提高测量的可靠性。

表 2-11　在高尔夫球测量中测验次数与可靠性的关系（以方差分析法进行估价）

天数	1	1	2	2	2	3	3	3	4	4
测验次数	20	30	12	15	20	10	12	20	12	20
信度系数	0.65	0.69	0.75	0.77	0.79	0.80	0.82	0.85	0.86	0.86

改自杨逦军，1990，26 页。

（三）重复测量间隔的时间

一般而言，重复测量的时间间隔短，可靠性则高，随着时间间隔的延长，误差因素带来影响的机会就增多，可靠性就可能随之减小。一般而言，一天内的重复测量结果比多日的重复测量结果的波动性要小，因此，应根据不同测量的性质，决定重复测量的时间间隔。另外，在等价可靠性的估价中，间隔时间较短的重复测量结果的一致性一般会比间隔时间较长的测量结果一致性高，尽管实施的是两个平行的测验。

（四）受受拭者个体差异的能力水平

从 CTT 关于测量可靠性的公式（$r = 1 - S_E^2 / S_X^2$）可以推出，当一组受试者中个体差异较大时（而误差不变时），其测量信度有高估倾向。

对受试者个体而言，技术水平越高，其成绩波动越小，测量结果的可信度也就越高。相反，对技术水平较低的人（如初学者）来说，其成绩的稳定性相对较差，可信度相对较低。但有研究表明，以"测验—再测验"法对不同水平群体的可靠性进行检验，发现：高水平运动员的可信度高，而水平很低的初学者的可信度也高，水平中等者信度较低。

（五）测量类型和测量容量

测量指标本身的特征也影响着测量的可靠性。比如，速度测量的稳定性较高，而心理测量稳定性较低；运动后机能测量，如运动后即刻心率、运动后即刻血压、运动后即刻血乳酸等，这些指标与测量前的运动负荷直接相关，而且，在测量时间的把握上，科学性稍迟或稍晚，结果将有较大差异，因此，这类指标本身的特征就决定了其测量信度较低。

尽管理论上认为，测量的长度增加，信度也随之上升；在教育心理测验中，测量的内容增加，抽样误差相应减小。但是，在实际测量当中，测量的容量（内容）不可能无限度的增加，即使在理论测验中，过多的测验内容，不可避免地使受试者产生疲劳、厌倦等情绪，不但起不到提高信度的作用，而且还可能适得其反，这种情况在运动技能测验中表现更为明显。当然，过少的测量容量，虽然能节省大量的人财物力，但其测量结果却具有太大的偶然性，显然与提高信度的初衷相悖。因此，应根据测量的特征，根据受试者的能力水平，把测量容量控制在"适中"水平上。

（六）测量的难度

测量的难度与信度之间没有直接的关系。但是，当测验太简单（或太难）时，受试者均得到高分（或低分），显然误差大，信度低。这暗示着，测验的难度水平（适中）应使测验分数呈现广泛分布。关于这一点将在后续的章节中继续讨论。

六、提高信度的常用方法

在了解影响可靠性因素的基础上，就不难找出提高信度的对策。

（1）严格实施标准化的测量程序以减少随机误差和系统误差。

（2）适当增加测量长度：在运动技术测量中，增加测量或测验的次数；在体育社会教育心理测量中，适当增加题目的数量。

（3）适当增加平行测验项目，可以加强对信度的检验，获得更丰富的信息。

（4）适当增加样本含量并提高抽样的科学性（使样本具有代表性），这样可以减少抽样误差。

（5）测验的难度要适中，使受试者表现出应有的成绩差异。

（6）在选取受试者群体时，要兼顾他们的水平差异（最好接近正态）。

（7）提高测试人员的责任心、业务素质和测量技巧，以减少过失误差、系统误差和随机误差。

（8）在有些测量中，要对受试者进行必要的宣传鼓动，诱发其正确的动机和兴趣，使之事先对测量方法、要求、有所了解，更好地配合测试。尤其是机能测验和运动能力的测验以及在量表测试过程中，正确的动机、认真的态度、全力以赴的作风将直接关系到测量结果的准确与可靠。

（9）重复测量时要考虑间隔时间的长短，以及要保证两次测验的独立性（完整性）。

（10）要注意测验时间和环境的选择。如不要在大型赛事（如校运会）和重大节日（如国庆节）前后测试；测试要有适当充裕的时间，要注意考试环境的选择和控制（如控制噪音、严格考场纪律等）。

（11）除了对可靠性进行定量的检验外，还可以通过其他途径对信度检验进行补充和修正，例如，受试者的平时表现、出勤、作业、回答问题等是否与测试结果有特别大的出入，等等。

第三节　测量的客观性

一、客观性概述

测量的客观性（objectivity）指与测试者主观测量结果的一致性程度。客观性实际上是测量可靠性意义的延伸和发展，所以也有人将它称为评价者的可靠性（rater reliability）或评分者的可靠性（scorer reliability）。

在社会学、教育学和心理学中所涉及的测量客观性问题不多，如教育测验中，对问答题或作文题的评分属于"主观测量"问题，常常被划分为"评分者信度"问题进行简单的阐述。但在体育领域当中，有许多主观评分项目，如体操、花样游泳、花样滑冰、武术、跳水、体育舞蹈、健美操等等，均涉及主观测量问题，即主观评分；一些对抗性项目比赛中，如篮球、足球、手球等等中的违例、犯规判罚也同样涉及裁判员的主观测量问题。

其实，"客观性"一词与人们日常生活中常用的"客观"一词含义相通，即"客观"是相对于"主观"而言的。那么，测量的客观性主要研究的问题就是：测试者的主观评分是否客观（objective）的问题，即主观评价是否与客观实际相符合的问题。显然，这里的测试者通常指改作文题或问答题的教师、体育比赛中的裁判、技术评定的老师，等等。不难发现，广义而言，哪里有主观评价（分），哪里就有客观性问题。

从上述客观性的定义、客观性的误差来源，客观性只是可靠性的一个特例。因此，客观性系数的取值范围与可靠性相同，一般在 0~1 之间，越接近 1，说明测量的客观性越高，越接近 0，说明测量的客观性越低。

1. 多人测量客观性

（1）定义（Definition）。

——主观（Subjective）评价的准确性；

——评分（价）者（Rater，Scorer）可靠性；

——不同测试者（或同一测试者）对同一批）受试者（重复）测量结果的一致性。

（2）有关的问题（Something Related）。

——是可靠性意义的延伸和发展；

——多用于一些主观评分项目；

——在社会学、教育学和心理学常常被划分为"评分者信度"问题；

——主观（Subjective）评价是否客观（尺度、感情色彩等）；

——误差来源（The Source of error）；

——"晕轮（光）效应"（Halo effect）。

（3）文学与客观性（Literature and Objectivity）。

四大美女：（西施）沉鱼，（王昭君）落雁，（貂蝉）闭月，（杨玉环）羞花。

四大丑女：（远古）嫫，（战国）钟离春，（东汉）孟光，（东晋）阮氏女。

（4）生活中的客观性（Objectivity in life）。

——寿命与价格；行与不行；

——性善与性恶；公共黑幕等说法。

2. 一人测量客观性

Definition: intra-observer objectivity 指同一名测试者对同一受试者重复主观测量结果的一致性程度。检验一人测量客观性的操作步骤接如下方法进行（以 B 裁判对 30 名运动员 A 动作评分为例）

3. 客观性的估价方法

（1）积差相关法。

积差相关法估计客观性（评分者信度）

第一次评分　　　　　　第二次评分

  X1   Y1

  X2   Y2

  ⋮   ⋮

  X30   Y30

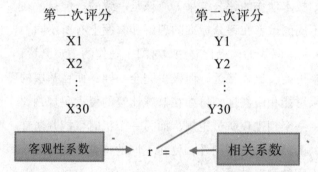

① 请 B 裁判对 30 名队员进行 A 动作现场评分，同时录像一个月后再请 B 裁判对 A 录像动作进行第二次评分。

② 用积差相关法算出两次分数（现场评分和录像评分）的相关系数 r：

当：r 趋向 1 说明什么？　　　　　r 趋向 0 说明什么？

③ 对 30 名队员进行 A 动作现场录像。

④ 请 B 裁判对 A 录像动作进行第一次评分。

⑤ 在事先未通知的情况下，半个月后请 B 对 30 人 A 录像动作（打乱顺序）重评。

⑥ 用积差相关法算出两次分数的相关系数 r：

当：r 趋向 1 说明？　　　　　r 趋向 0 说明？

（2）客观性系数的大小（同可靠性）。

二、客观性的估价方法

一些估价测量可靠性的方法，也同样适合估价测量的客观性。如积差相关法、方差分析法，另外还有和谐系数法等。

三、客观性的分类

（一）多人测量客观性

多人测量客观性（interobserver objectivity）是指两名以上的测试者对同一受试者主观测量结果的一致性程度。

理论上讲，按照统一的评分标准（或评分规则），不同测试者对同一受试者的主观测量结果（如技术动作的评分结果）应该是一致的。但是，在实际的测量当中，由于不同测试者在评分标准的理解和掌握上有所不同，测量结果往往不一样。如在国际级的体操比赛中，对同一动作的主观测量，五名裁判之间的评分结果可能会比较接近，但极少完全一样；而在基层的比赛中，裁判的评分结果可能相距甚远。再如在篮球比赛的侵人犯规判罚中，两个裁判同时鸣哨，一个判进攻队员犯规，而另一个机时可能判防守队员犯规，除了两名裁判的经验水平不同外，处在不同的位置（或角度）进行判罚，也可能出现不同的判罚结果。

（二）一人测量客观性

一人测量客观性（intraobserver objectivity）指同一名测试者对同一受试者重复主观测量结果的一致性程度。

在教育测量中，老师在不同的时间里，对学生试卷的原卷和复印卷（已考的原卷的复印卷）中的是非题（或选择题）进行重复批改时，应该得到相同的分数结果。因为精确的评分标准能够使这类题型的测试结果（分数）得到准确的量化。但是，同样是批改原卷和复印件卷中的作文题（或问答题）时，尽管原卷的作文与复印卷的作文一模一样，在不同的批改时间内，同一名老师的重复批改的分数结果可能有所不同。因为作文题目的批改虽有一定的评分标准，但没有选择题或是非题那么明确，批改时受批改老师的主观因素（如老师的观点、兴趣爱好等）影响较大，而且在不同的时间内，老师对评分标准的掌握尺度会发生变化（有时测试者本人当时可能也并不会意识到）。显然，这种重复结果越接近，说明测量（即老师改卷）的客观性越好。

同样，在体育运动中，裁判在不同时间内对运动员现场 A 动作和录像A 动作（现场 A 动作的录像）进行重复评分（即技术评定）时，裁判在不同时间内对评分规则的把握尺度不同也会造成重复测量结果（评分结果）的不同。当然，还有其他原因，如评分环境、受试者认真态度等等也会造成评分误差。所幸的是，人们可以利用测量和统计的知识对这类客观性进行检验。

四、影响测量客观性的因素

（一）测试者水平

评分者、教师、裁判的水平高低，直接影响主观测量（评分）的客观性。一般而言，测试者水平越高，其测量客观性相对较高，反之则相对较低。其实，测试者水平的高低又反映在以下几个方面：

（1）测试者对评分标准的理解和掌握程度。

（2）测试者的专业知识水平和技术熟练程度。

（3）测试者的专业经验和经历。

（4）测量指标特征。

（5）是否实施标准化测量（STANDARDED TEST）。

除此之外，测试者的观点、工作态度是否认真负责、是否公正等，也会对测量的客观性产生较大的影响。

（二）测试者（或专家）人数

测试者或专家人数的多少会对主观测量的结果带来影响。人数过多容易造成意见分歧，人数过少容易造成意见过于集中。不同类型的评分应该如何配备测试者，不同项目的比赛应该如何配备裁判，这些问题仍然没有定论。应该根据实际情况，如受试群体的规模、水平等具体情况，选择较为适宜的测试者（或专家）人数。

（三）测量内容

测量内容本身的特征也直接影响着测量的客观性。如理论测验中，对名词解释评分的客观性就相对比问答题的客观性高，对问答题评分的客观性又相对比作文的客观性高。在一些体育项目的评分中，测量内容往往反映在测量指标本身的复杂性上，如对体操中手倒立评分就比对京格尔空翻的评分来得简单，因此，对前者的评分相对准确而客观。

（四）测量的标准化程度

针对测量内容选择的测量指标是否规范，测量的条件是否严格按照要求控制，测量实施过程是否规范化等，都直接影响着测量的客观性。在测量的实际过程当中，不管是理论测验，还是运动技术的评分，测试者都应该严格按照标准化程序进行。

五、提高测量客观性的方法

（1）强化测试者的认真负责态度，测量过程中坚持公平公正的原则，实事求是地进行测评（或评审）。

（2）提高受试者的业务水平，选拔专业阅历丰富、经验丰富的测试者来完成测量工作。

（3）完善测量细则，细化评分标准，对规则的描述要言简意赅，避免粗糙、模糊和不全。

（4）在正式测试前，可以适当组织一定规模的"预备测试"，使测试者统一思想、掌握测试的重点和难点，同时进一步完善测量实施的规范化和标准化问题。

（5）在条件许可的情况下，采用类似高考的"双盲评分"。

（6）适当控制测试者人数。

（7）尽量实施标准化测量。

第四节　测量的有效性

一、有效性概述

测量的有效性又称效度（validity），是指测量结果与欲测属性之间的一致性程度。换句话说，所选择的测量手段（或测验，或指标，或测量）在测量欲测属性时的准确程度。

这里的"测量结果"，并非指所得的实测值，而是指一个测量（或测验）实施在一定的测量对象身上所能测得的某种属性特征，如100米测验结果反映的是人体的位移速度，传统的引体向上测验结果反映的是肩臂力量耐力，等等。这里的"欲测属性"则是指（人为）想要测得的某种属性特征，也称"拟测属性"。显然，欲测属性只有通过具体的测量（或测验，或指标，或测量手段）的实施才能得到反映。如教师想了解学生的下肢爆发力（或欲测属性），可以通过立定跳远（测验或测量手段）来测得。

测量的效度有两个方面的含义；① 测验是测量受试对象的什么属性特征？② 它对该属性特征的测量有多准确？一个测验的效度越高，则表示宏观世界的测量结果越能很好地反映某种欲测属性而不是其他属性。另一方面，百分之百有效的测验是不存在的。例如："人体的位移速度是指单位时间内移动的距离"，显然位移速度与力量和速度完全不同。从这个意义上讲，位移速度测验的效度不可能十全十美。人们所能做到的就是尽可能使速度测验更多地反映人体的速度特征，避免它成为力量测验。

测量的有效性，主要探讨有关测量本身的问题，如某测量手段是否准确，某指标是否有效，某量表是否能准确测得某种特征，某套试题是否能很好地反映教科书的内容，某测验是否适合特定的测量对象等等。

对任何一种测量来说，效度要比信度更为重要。因为正如一支在结构上有缺陷的步枪，不管射手多么认真，每射必偏离目标，无论对比赛或作战都是低效的。在对物理量的测量当中，测量一般是用一定的量具直接测量一定的内容，如用尺子去量物体的长度。即使像通过温度计上的水银柱的升降来测量气温高低这样的间接测量，效度也是极高的，因为气温的高低与水银的膨胀收缩有函数关系。但是在对非物理量的测量中，情况就不同了。如在体育社会、教育、心理测量中，面临如下困难：① 测量对象主要是具有主观能动性的人，而人能调节自己的外部行为，掩盖自己的内心活动，这就增加了认识其精神现象的难度。② 测量内容大多是精神现象。测量中只能通过对其具有可测性的外部表现（语言、动作或意见等）的测量，间接认识其心理活动、知识水平和态度倾向等，而外部表现与心理活动、知识水平和态度倾向等之间的关系不是函数关系而是相关关系。因此，进行这类测量时，必须考虑是否测量到了所要测量的东西，在多大程度上测得了这些东西。可见，效度问题在体育、教育、心理测量中的重要性就更为突出了。

二、有效性的分类及其估价方法

迄今为止，对有效性的分类很多，这里仅介绍几种常见的有效性，它们是内容有效性、结构有效性和效标有效性。

（一）内容有效性及其估价方法

1. 内容有效性概述（内容效度）

内容效度（content validity），也称逻辑效度，指测量内容与欲测属性的一致性程度。即，所选择的内容反映欲测属性的准确程度。显然，内容效度主要是从测量的内容上进行逻辑分析和判断。

内容效度主要应用于理论测验当中。例如，在理论测验中，不可能将所有学过的内容一一出题测验，而只能按照教学大纲的要求，在各个章节选择有代表性的重点内容组成一套试卷。被选出的题目在内容上对某课程具有代表性的程度，即反映了该试卷的内容有效性的高低。可见，内容效度是一个相当复杂又不容易解决的问题。因为要用有限的几十个题目来反映一本教科书的教学内容是比较困难的。在这里，不妨把教科书的内容视作"总体"，把选出的一些题目组成的试卷视作"样本"，如果这个样本对总体的代表性较高，"样本含量"（试题数量）也足够，那么就可以说这套试卷的内容效度较高。反之，则较低，即抽样误差较大。

内容效度也可用于体育运动测量中。例如，用400米跑测量成年人的有氧耐力水平，从测验内容（400米跑）来看，它与欲测属性（有氧耐力）是不大相符的。因为400米跑是测量成年人的速度耐力水平的。再如，用罚球来测验学校篮球代表队员的投篮命中率，这个测验内容本身（罚球）就是欲测属性（投篮命中率）的反映，因此，可以认为其内容效度较高。

内容效度同样可用于体育社会测量。如用问卷法测量人们的"体育消费观念"，那么首先要弄清楚"体育消费观念"的含义（即进行理论定义），然后要使问卷中的问题紧紧围绕"体育消费观念"这一主题（即进行操作定义）。如果问卷中的问题明显牵涉其他非体育消费观念的问题，则该问卷的内容效度就不高。

2. 内容有效性的估价方法

对内容效度来讲，逻辑分析法是一种最常用的、简单易行的估价方法。这种方法属于定性的分析方法，它以专业知识、实践经验、专家意见等为依据进行。

可见，逻辑分析法对内容效度的估价或检验就相当于对概念操作化的合理性分析。正如概念操作化结果的多样性一样，不同的判断者（或检验者）对同一测验的内容效度的判断可能不一致，因为不同检验者对内容范围的理解可能会有所不同；另外，很难用数量指标来描述内容有效性。这是内容效度的不足之处。

（二）结构有效性及其估价方法

1. 结构有效性概述

结构有效性（construct validity）指成套测验所包含的各种属性与总体欲测属性各成分在结构上的一致性程度。

结构效度从心理测量发展而来。如智力、焦虑、外向、动机、创造力等，必须对其进行"概念化操作"，即，先进行理论定义，从结构上分析其所包含的各种抽象因素，然后对其进行操作定义，把各种因素变成具体的一组测验，即成套测验（或综合测验）。例如，对创造力的测量，心理学家吉尔福特认为"创造力是发散思维的外部表现"，即在一定刺激下产生的大量的、变化莫测的、独创性的反应能力。因此，编制创造力测验时，需要先从理论层次弄清楚受试者发散性思维的三个方面的表现（即三个抽象因素）：

① 联想的流畅性。

② 思维的灵活性。

③ 思维的独特性。

再从经验层次编制出具体的成套测验：

① 例举同义词和反义词测验。

② 8 分钟内说出砖头的所有用途测验。

③ 自由回忆测验。

由此看来，结构有效性中的欲测属性是一种总体的、综合的属性，即总体欲测属性，而通过具体的测验测量出来的只是构成总体属性的各个成分或特征。所选择的成套测验所代表的各种属性与总体欲测属性在结构方面的吻合程度高，该成套测验的结构效度就高。

结构有效性同样可以用于运动能力测试。例如，欲了解中学男生的身体素质，就需要先对文化素质进行操作化，即在逻辑分析的基础上确定身体素质的基本结构（如图 2-1），再选择与结构相对应的各种测验组成身体素质成套测验。而从结构上来分析身体素质成套测验的有效性，就是对身体素质操作化的合理性检验或判断。

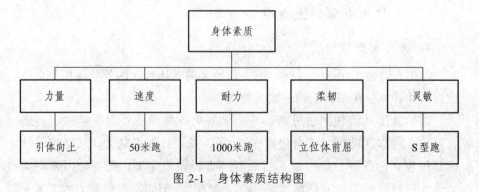

图 2-1　身体素质结构图

结构效度和内容效度有时容易混淆，它们在要求达到测量目的这一点上是相同的，但在使用时是有区别的。内容效度常用于理论测验，而结构效度常用于心理测量和运动能力成套测验。另外，除了用逻辑分析法进行效度分析外，还可以用统计分析法对结构有效性进行量化分析。

2. 结构有效性的估价方法

（1）逻辑分析法。

例如，要检验下列撑竿跳高运动员专项能力测验（表 2-12）的有效性，可以结合撑竿跳高专业知识经验，进行逻辑推理和判断。

表 2-12　撑竿跳高运动员专项能力测验及其欲测属性

测验项目	30 米持竿助跑速度	起跳力量（测力台）	吊绳上摆体后举腿次数	倒立推起过竿高度
属性	？	？	？	？

从这套测验所能测得的能力来看，包括了撑竿跳高的各个技术环节和专项能力，即助跑、起跳、后仰举腿、腾空过竿四个环节。其中，30 米持竿助跑速度反映了助跑技术；测力台测出的起跳力量反映了起跳技术；吊绳上摆体后举腿次数反映了空中引体技术；倒立推起过竿高度反映了过竿技术。可见，从专业知识经验角度进行逻辑分析或判断的结果来看，该成套测验无疑具有结构上的有效性。

（2）统计分析法。

估价结构有效性的统计分析方法中有相关分析法、回归分析法和因子分析法等方法，而因子分析法是最常用的分析法。

例如，卡特尔 16 种个性因素问卷（简称 16PF）是美国伊利诺州立大学个性及能力测验研究所卡特尔教授所编制的，是目前世界上比较公认的有效期性较高的个性测验工具。这种问卷共有 A、B、C 三种平行问卷，每卷的 187 道题目是从千道测题中，经过三次抽样测验严格挑选确定的。由因子分析统计确立 16 项个性因素（见表 2-13），各个因子的累计贡献率达到 85%，即该问卷的结构效度为 0.85。

表 2-13　十六项个性因素及其剖面图

低分者特征	人格因素得分（标准十分）	高分者得分
缄默孤独	12345 乐群性（A）678910	乐群外向
迟钝、学识浅薄	12345 聪慧性（B）678910	聪慧、富有才识
情绪激动	12345 稳定性（C）678910	情绪稳定
谦逊顺从	12345 特强性（E）678910	好强固执
严肃审慎	12345 兴奋性（F）678910	轻松兴奋
权宜敷衍	12345 有恒性（G）678910	有恒负责
畏怯退缩	12345 敢为性（H）678910	冒险敢为
理智、注重实际	12345 敏感性（I）678910	敏感、感情用事
信赖随和	12345 怀疑性（L）678910	怀疑、刚愎
现实、合乎成规	12345 幻想性（M）678910	幻想、狂放不羁
坦白直率、天真	12345 世故性（N）678910	精明能干、世故
安详沉着、有自信心	12345 忧虑性（O）678910	忧虑抑郁、烦恼多端
保守、服从传统	12345 实验性（Q1）678910	自由、批评激进
依赖、随群附众	12345 独立性（Q2）678910	自立、当机立断
矛盾冲突、不明大体	12345 自制性（Q3）678910	知己知彼、自律谨严
心平气和	12345 紧张性（Q4）678910	紧张困扰

（三）效标有效性及其估价方法

1. 效标有效性概述

效标有效性（criterion-related validity）指所自选（编）测验效标之间的关联一致性程度。也称效标效度。

所谓"效标"即"标准测验"，指同类测验（测量）中，有效性最高的那个测验（测量）。比如，一旦承认水下称重法是身体成分的效标（标准测验），那么，该标准测验的有效性就比现行的各种测量身体成分的测验（如皮褶厚度法、电阻抗法、超声波法、CT 法和核磁共振法等）的有效性高，可以认为，效标是一种比较公认的权威指标，它能最精确地反映欲测属性。

所谓"自选（编）测验"指根据需要研究者自行选择（编制）的测验。因为，虽然效标的效度最高，但是往往因为其仪器设备昂贵或者操作难度大等原因而不宜实施大规模的测量。在这种情况下，为了使测验简单易行，测试者就可以自行选择或编制同一类型的测验（或测量）来代替效标。

显然，这种自选（编）测验必须通过效标的检验才能使用。即如果自选（编）测验在反映欲测属性方面与效标的一致性高，则说明自选（编）测验的有效性高，反之则低。这说明，效标有效性不是指效标本身的效度，而是指以效标为准（即与效标相比较），自选（编）测验的效度高低。

2. 效标的种类

使用效标来校正自选（编）测验的有效性，关键在于如何选择和确立效标。下面介绍几种常用的效标形式。

（1）多因素分析法确立的效标。

一种欲测属性可对应多种测量手段，若仅以定性分析（即逻辑分析）选出其中的最佳测量手段（即标准测验）是困难的。通常的做法是采用因子分析、聚类分析、回归分析及判别分析等多因素分析方法，从众多的测验中找出与欲测属性关系最密切的典型指标。这种典型指标即为效标。如在卡特尔 16 种个性因素测验（简称 16PF）就是采用因子分析统计方法建立的。又如利用多因素分析法确立的某专项选材指标成套测验，即可认为是复合效标。

（2）实验室研究确立的效标。

有些测验必须借助实验室的仪器设备，通过复杂的实验和精确的试验才能建立。如实验条件下的最大吸氧量测量、身体成分（脂肪%）测量等。以此建立的测验，虽然具有较高的效度，可以作为效标，但不适宜于群体测量。

（3）公认为有效的测验。

当某种测验被公认为是某欲测属性的有效测验时，它也可视为一种效标。当然其中有些效标是基于定性的逻辑判断建立的，受当前认识水平或科学技术的限制。但是，它毕竟是目前较为理想的测验，如心理测量中"80.8神经类型测试表"、生理机能测量中的"哈佛台阶实验"、运动能力测量中的"身体素质测验"，等等。

（4）已校定的测验。

当某种测验经校定证明其具有较高效度时，也可作为一种效标来使用。如反映位移速度的30米跑，反映下肢爆发力的立定跳远测验、反映有氧耐力的12分钟跑（即库柏跑）等。

（5）比赛成绩。

比赛本质上是一种测验，而且是一种比较精确的成绩测验。特别是集体性运动项目，如田径、射箭、射击、乒乓球、羽毛球等，均可以用它们的比赛成绩作为效标。集体运动项目的比赛成绩也能较全面地反映运动员的竞技能力水平。在某种程度上，比赛成绩也可以立为某些技术测验的效标。

（6）专家评分（评级）。

专家（教师或教练员）评分是按照一定评分标准对受试者的运动行为进行评分的一种主观观测。如体操、武术、跳水等项目的比赛得分以及某些运动技术的评分，这类观测只要定出统一的评分标准，而且有两个以上的专家进行认真评分，其评分结果也可作为效标使用。

3. 效标有效性估价方法

效标有效性是指自选（编）测验的有效性，即以效标为准（即效标相比较），自选（编）测验的效度高低。那么对效标有效性的估价，就是在假设效标能100%反映某欲测属性的基础上，估价自选（编）测验能在多大程度上反映该欲测属性。可见，对效标有效性的估价，可用统计相关的方法解决。由于效标有效性牵涉两个测验，通过两个实验的实测数据计算而得的相关系数可能为正，也可能为负。因此，从效标有效性的角度来讲，有效性系数的取值范围在 $-1 \sim +1$ 之间，用绝对值衡量。

（1）等级相关法。

等级相关法（spearman）是一种非参数统计方法。当效标具有顺序测量尺度的特征时，如比赛名次、测验成绩名次、评分等级等，可用等级相关法进行效标有效性估价。

等级相关法的计算公式是：

$$r = 1 - 6\sum d^2 / n(n^2 - 1) \qquad\qquad （式 2-9）$$

式中　r 为等级相关系数（即效标有效性系数）；

　　　d 为名次（或等级）差；

　　　n 为样本含量。

【例 2.5】　用比赛中的投篮命中率来反映篮球队的竞技能力。以比赛名次为效标，求投篮命中率的有效性（见表 2-14）。其计算步骤为：

表 2-14　几个篮球队的比赛名次和投篮命中率

	A	B	C	D	E	F	G	H
比赛名次	1	2	3	4	5	6	7	8
投篮命中率(%)	1(58.4)	2(54.9)	4(54.1)	3(54.5)	5(47.4)	6(46.6)	8(41.9)	7(42.4)
名次差（d）	0	0	−1	1	0	0	−1	1
d^2	0	0	1	1	0	0	1	1

SPSS 操作步骤：进入 SPSS—定义变量 X、Y—输入数据—点击 analyse—选择 correlation—点击 bivariate—选择 X、Y 入 variable 框—在 correlation cofficent 框内选 "spearman"—点击 ok—阅读结果。

第一步：列等级相关计算表（表 2-14）。

第二步：求 d、d^2 和 $\sum d^2$。

第三步：代入（1-9）式求效标有效性系数 r。得：

$$r = 1 - 64 / 8(8^2 - 1) = 0.952$$

计算结果表明，投篮命中率指标的有效性系数为 0.952。能准确地反映篮球队的竞技能力。

（2）积差相关法。

【例 2.6】 以水下称重法为效标，求自选测验——皮褶厚度法在身体成分（脂肪%）测量中的有效性。

（四）测量有效性及其估价方法

1. 测量的有效性概述

测量有效性的定义：有效性又称效度，指测量手段的准确性（在测量欲测属性时的准确程度）。

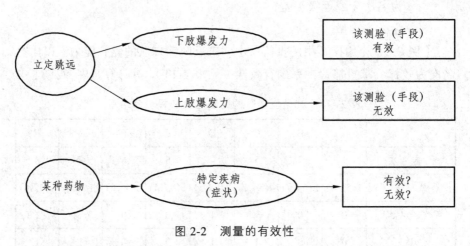

图 2-2　测量的有效性

2. 效度的其他表述举例

① 你选择这些指标的依据是什么？

② 你为什么选择这些指标？

③ 问卷的问题能很好地反映主题吗？

④ 试卷的题目能否测量出学生该课程的真实水平？

3. 自编问卷的效度检验

① 自编问卷不同于标准化的量表。

② 如 16PF 个性因素测量量表。

③ SCL-90 心理测量量表。

（1）专家调查法。

专家调查法也称特尔菲法，要求三轮调查，不断反馈意见和修改，要求专家有 18 ~ 35 人。但一般情况下，在论文中或在附件中能罗列出 5 ~ 10 名专家，也有一定的说服力。

表 2-15　专家调查统计表

问卷很好反映 了主题	问卷较好反映 了主题	问卷基本 反映了主题	问卷反映 主题不够	问卷没有 反映主题
2	6	1	1	0

表 2-16　专家清单

序号	姓名	单位	职称/职务	研究领域
1	王某某			
2	陈某某			
……	……			
10	梁某某			

（2）文献资料法。

对本研究领域重要的文献，包括有影响的专著、论文、评论，最新研究动向、研究热点问题等要有所交代。

（3）专业理论分析法。

对问卷的各个部分能进行不同层次的说明，即能清楚描述问卷主题分几个大的部分（从专业理论上划分），每个部分由哪些题目进行反映。

表 2-17　小学生四则混合运算能力试卷

小学生四则混 合运算能力	X1 加法	X11
		X12
		…
	X2 减法	X21
		X22
		…

小学生四则混合运算能力	X3 乘法	X31
		X32
		...
	X4 除法	X41
		X42
		...

表 2-18　影响人文素质讲座质量的因素

X1 讲座	X11 讲座的时间安排　　　X12 讲座的内容或专题
	X13 讲座的形式（讲课、报告等）
X2 主讲人	X21 主讲人的性别　　　　X22 主讲人的年龄
	X23 主讲人职务（如局长）　　X24 主讲人职称（如教授）
	X25 主讲人学位（如博士）　　X26 主讲人个人阅历
	X27 主讲人的口才　　　　X28 主讲人的知识面
	X29 主讲人应变能力　　　X210 主讲人的课堂组织管理能力
	X211 主讲人个性气质　　　X212 主讲人使用教学手段
	X213 主讲人的幽默感　　　　X214 主讲人与听众交流（如问、答）
X3 听众	X31 听众的支持和配合　　　X32 听众的多少
X4 其他	X41 听众的支持和配合　　　X42 听众的多少

请判别下列因素对人文素质讲座质量的影响程度

	很大	较大	一般	不大	无
X01 讲座的时间安排	（1）	（2）	（3）	（4）	（5）
X02 讲座的内容或专题	（1）	（2）	（3）	（4）	（5）
X03 讲座的形式（讲课、报告等）	（1）	（2）	（3）	（4）	（5）
X04 主讲人的性别	（1）	（2）	（3）	（4）	（5）
X05 主讲人的年龄	（1）	（2）	（3）	（4）	（5）
X06 主讲人的职务（如局长）	（1）	（2）	（3）	（4）	（5）
X07 主讲人的职称（如教授）	（1）	（2）	（3）	（4）	（5）
X08 主讲人的学位（如博士）	（1）	（2）	（3）	（4）	（5）
……	…	…	…	…	…
X20 环境	（1）	（2）	（3）	（4）	（5）
X21 气候	（1）	（2）	（3）	（4）	（5）
X22 学校重视程度	（1）	（2）	（3）	（4）	（5）

（4）数理统计方法。

数理统计方法是定量的方法，如因子分析法、T检验法、项目分析（难度和区分度分析）等。

示例：

大学生参与乒乓球运动影响因素量表的编制与检验

1 研究对象与方法

1.1 研究对象

随机抽取四川民族学院、四川师范学院、西南民族大学、西华大学、宜宾学院、四川农业大学六所大学中的乒乓球公选课学生100名至600名学生。共发放600份问卷，回收有效问卷580份，回收率96.6%，再从这些人中随机抽取 100 人参加一个月后的重测。

1.2 研究方法

1.2.1 文献资料法

通过查阅心理学、训练学相关文献，在中国知网对量表编制相关论文进行搜索，为论文提供理论依据。

1.2.2 专家访谈法

与心理学、训练学和乒乓球教学专家进行沟通，为题目的选择增加针对性和科学性。

1.2.3 问卷调查法

编制《大学生参与乒乓球运动影响因素量表》并发放给研究对象，共发放 600 份问卷，回收有效问卷 580 份，回收率 96.6%，又从这些人中随机抽取 100 人参加一个月后的重测。

1.2.4 数理统计法

采用 SPSS17.0 对所得数据进行差异检验、相关分析、内部一致性检验等。

2 结果与分析

2.1 预制问卷

通过查阅运动训练学、运动心理学等文献资料，根据国内外关于运动参与动机量表所涉及的内容，通过与相关专家探讨，结合乒乓球运动的特点后，预制问卷选取了 38 个题目形成了《大学生参与乒乓球运动影响因素量表（试用版）》。问卷形式采用国际通用的李克特量表，为五点式计分法，分为完全符合、比较符合、说不清、不太符合、完全不符合五种选择，分别给予 5、4、3、2、1 五种分值。

2.2 预制量表的题目分析

题目分析主要通过 CR（critical ratio）值来判断每个题目，CR 值又称临界值，主要作用是检验题目对不同水平群体的鉴别程度，通过对群体进行分组，然后对高分组和低分组进行差异性检验，如果有差异性说明题目能够鉴别出不同水平群体的区别，该题目具有鉴别功能，反之则应该删除。

表 1　各题目的 CR 值表

题目	1	2	3	4	5	6	7	8
CR	0.92	12.4**	11.3**	9.4**	8.2**	11.1**	12.4**	6.3**
备注	删除							
题目	9	10	11	12	13	14	15	16
CR	3.4**	11.3**	9.2**	6.7**	8.5**	11.4**	9.4**	0.54
备注								删除
题目	17	18	19	20	21	22	23	24
CR	6.5**	7.5**	8.3**	10.4**	8.5**	4.2**	10.3**	9.6**
备注								
题目	25	26	27	28	29	30	31	32
CR	8.5**	5.6**	9.01**	3.54**	9.56**	8.54**	7.45**	10.34**
备注								
题目	33	34	35	36	37	38		
CR	12.46**	0.52	10.36**	13.54**	16.23**	18.56**		
备注		删除						

由表 1 可知,在所有 38 个题目中第 1、16、34 题的 CR 值没有达到显著性水平,说明这三个题目不能区分不同水平群体的差异,因此应该删除。

2.3 结构效度检验

问卷结构效度通常利用因子分析的方法进行检验,构建效度(Construct Validity)是指测验能够测量出理论的特质或概念的程度,即实际的测验分数能解释某一心理特质的程度有多少。构建是用来解释个体行为的假设性的理论结构心理特质,因而构建效度就是"测验能够测量到理论上的建构心理特质的程度"[1]。因子分析能够在众多的题目中抽取到有效的共同因素,将几个涉及内容相似的题目整合在一起,达到降维的目的,找到问卷的潜在结构,从而说明问卷的结构效度[2]。

2.3.1 第一次因子分析结果

表 2　KMO 检验和巴莱特球度检验

KMO 检验		0.788
巴莱特球度检验	P 值	0.000

表 3　旋转后的载荷平方和表

因子	1	2	3	4	5	6	7	8	9
合计	4.29	3.68	3.45	2.93	2.61	2.07	1.84	1.64	1.31
方差贡献率	12.24	10.52	9.88	8.36	7.47	5.91	5.26	4.68	3.74
累积贡献率	12.24	22.76	32.64	41.0	48.47	54.38	59.64	64.31	68.06

　　由表 2 可得 KMO 值 = 0.788，P = 0.000，说明数据适合因子分析。由表 3 可得结果适合作因子分析，旋转后提取 9 个公因子，累积贡献率达到了 68.06%。因子分析具有简化数据指标的功能，以较少的层面来表示原来的数据结构，它根据题项间彼此的关系，找出题项间潜在的关系结构，该量表的结构效度为 0.6806，从社会学问卷的角度来说，结构效度达到 0.60 时基本符合测量学要求，属于"可接受"范围[3]。

表 4　旋转后因子载荷矩阵

	主因子								
	1	2	3	4	5	6	7	8	9
17	0.804								
15	0.752								
18	0.734								
22	0.699								
13	0.666								
14	0.657								
20	0.597								
31		0.877							
32		0.869							

	主因子								
	1	2	3	4	5	6	7	8	9
33		0.798							
36		0.704							
30		00.596							
35		0.554							
6			0.9						
7			0.884						
8			0.840						
5			0.742						
4			0.580						
28				0.851					
27				0.831					
26				0.730					
29				0.601					
11					0.808				
12					0.768				
10					0.709				
9					0.539				
24						0.794			
23						0.715			
25						0.596			
38							0.813		
37							0.740		
2								0.788	
3								0.786	
21									-0.632
19									0.522

由表 4 可得各个题目属于哪个公因子，为了维持因子的稳定性，每一个因子所包含的题目应该在 3 个以上才可以，第 6、7、8、9 公因子所包含的题目数少于 3 个，应予以删除。

2.3.2 第二次因子分析结果

表 5　KMO 检验和巴莱特球度检验

KMO 检验		0.807
巴莱特球度检验	P 值	0.000

表 6　旋转后的载荷平方和表

因子	1	2	3	4	5
合计	4.07	3.79	3.39	2.64	2.60
方差贡献率	15.69	14.58	13.04	10.17	10.01
累积贡献率	15.69	30.25	43.28	54.45	63.47

由以上数据可得该量表适合进行因子分析，提取的 5 个公因子的累积贡献率为 63.47%。

表 7　旋转后因子载荷矩阵

	主因子				
	1	2	3	4	5
17	0.810				
15	0.767				
18	0.755				
22	0.675				
13	0.674				
14	0.645				
20	0.630				

	主因子				
	1	2	3	4	5
31		0.832			
32		0.831			
33		0.812			
36		0.789			
30		0.695			
35		0.635			
6			0.890		
7			0.858		
8			0.815		
5			0.772		
4			0.622		
28				0.817	
27				0.771	
26				0.764	
29				0.543	
11					0.882
12					0.855
10					0.786
9					0.534

由第二次因子分析可得，旋转后每个因子都包含了 3 个以上的题目，符合要求，并且每个因子包含的题目与第一次分析相同，仅特征值发生了变化。根据每个因子所包含的题目内涵给因子命名如表 8。

表 8　因子命名表

因子名称	因子内涵题号（试用版问卷）	因子内涵题号（正式问卷）
Y1、场地设施因子	13、14、15、17、18、20、22	1、4、8、9、11、24、25
Y2、自身客观因子	30、31、32、33、35、36	2、7、10、13、14、21
Y3、自身主观因子	4、5、6、7、8	3、5、6、12、16
Y4、人际交往因子	26、27、28、29	15、17、18、22
Y5、外部影响因子	9、10、11、12	10、16、19、23

2.4 量表的信度检验

2.4.1 量表内在信度检验

内在信度检验通常包括内部一致性检验和裂半检验，文章采用内部一致性检验，即通过克郎巴哈α系数（Cronbachα）来检验量表总体内在信度。如表 9 所示。

表 9　各维度内部一致性系数表

量表维度	内部一致性系数
总量表	0.80
Y1	0.85
Y2	0.86
Y3	0.86
Y4	0.78
Y5	0.82

不同类型的问卷也各不相同。如有报道认为人格测验量表的信度应在 0.80 以上，而自编量表的信度应在 0.60 以上，如果自编量表信度过低，如在 0.60 以下，应重新修订量表[4]。由表 9 可知除了 Y4 的信度系数为 0.78 外，其他四个因素的信度系数均高于 0.8，远远高于 0.6，因此该量表的内部信度系数达到测量学要求，说明本量表具有较高的使用价值。

2.4.2 外部信度检验

采用重测法对量表的外部信度进行检验。如表 10 所示。

表 10　两次测量相关系数表

量表维度	相关系数
总量表	0.901**
Y1	0.746**
Y2	0.823**
Y3	0.875**
Y4	0.921**
Y5	0.867**

由表 10 可得重测之后，量表 5 个维度的相关系数都具有非常显著性相关，根据学者 Henson 的观点，如果研究者目的在于编制问卷或测量某构思的先导性研究，信度系数在 0.60 以上就已足够[5]，问卷的最低相关系数达到了 0.74 以上，符合以上要求。

3 结论

3.1 在对国内外运动动机量表和相关心理学知识进行研究的基础上，根据大学生自身特点，自行编制了《大学生参与乒乓球运动影响因素量表》，经过效度和信度检验后最终确定了 26 个题目。

3.2 该问卷 26 个题目涉及了 5 个维度分别是兴趣爱好因素、外部影响因素、求知因素、人际交往因素、心理体验因素，这 5 个维度的累积贡献率为 63.47%，说明量表具有很好的结构效度。

3.3 量表的 Cronbach α 系数在 0.8 以上，说明量表的内在一致性很好，即各个题目的所测量的方向基本一致，因此具有较高的内在信度。

3.4 通过重测法得到问卷各维度的重测系数均达到 0.74 以上，说明具有很高的可信度，即问卷具有很高的外在信度。

三、影响有效性的因素

（一）研究者对欲测属性的把握程度

在以逻辑分析为主的内容有效性和结构有效性应用中，其有效性的高低，取决于概念操作化的合理程度（如果把欲测属性看作是一个抽象概念）；而概念操作化的合理程度，又取决于研究者对概念的把握程度：对概念把握越准确，即理论定义越准确，操作定义就越能在经验层次上准确反映概念的属性特征（即欲测属性），那么，编制的量表、形成的问卷、组成的试题或选择的测验指标就会具有较高的有效性。

（二）样本含量及其代表性

从内容效度的角度来讲，如果试卷题目（样本）的数量合理，又能很好地反映教科书的内容（总体），那么，试卷的有效性就高；相反，试题的数量过多或过少，试题又很偏（全面性不够、重点不突出等），那么，试卷题目就不能很好地反映教科书的内容，其内容效度就可想而知了。有研究者表明，在理论测验中，随着测量长度（题目数量）的增加，测量的效度随之提高（见表2-19）。

表2-19　试题数量与测量效度的关系

题目数量	10	20	30	60	120	240	480
与原测量长度之比	1	2	3	6	12	24	48
效度系数	0.400	0.496	0.548	0.619	0.668	0.697	0.713

改自王汉澜，1987，93页。

从效标效度的估价方法——积差相关法和等级相关法来看，当"n"不同时，计算而得的效度系数也是不同的；当测得的样本不能很好地反映样本所在的总体的大致特征时，计算而得的效度系数也是虚假的。因此，掌握正确的抽样原则和方法（即减少抽样误差）对提高效度也是有好处的。

（三）效标的选择

从效标的角度来看，选择不同的效标作为标准测验，计算而得的效度系数也是不同的。如欲测属性为"有氧耐力（一般耐力）"的效标可以是台阶实验、12 分钟跑或是实验室直接测量法中的一种，具体选哪一种测量，应该从测试条件、受试群体特征、人力物力等方面考虑，当然，应该尽量选择简单而有效的测量。

（四）测量的可靠性

测量的可靠性是测量有效性的必要前提。研究表明，一项测量有效性的系数的最大值，等于这项测量可靠性系数的平方根（即有效性系数 $\leqslant \sqrt{可靠性系数}$）。说明如果一个测验的信度不理想，就会影响到该测验的效度。

从效标效度的估价过程来看，效标本身信度（即测得效标的数据中有误差）和自选（编）测验信度（测得自选测验的数据中有误差），也同样直接影响有效性系数的计算结果。因为在相关计算中，用两组均有误差的数据计算出的结果—效标有效性系数，也肯定是有误差的。当然，这方面有专家的校正公式，有兴趣的读者可参阅有关参考书。

（五）测量的难度和区分度

难度指测量的难易程度。区分度即鉴别力，是指测量（或测验）本身具有区分受试者水平优劣的能力。显然，当一个测验难度太高时，受试者普通得分低；反之，普通得分高。这两种极端情况说明了测验不具备区分受试者水平优劣的能力，测验因没有区分能力而完全失去意义。当一个测验不能把优劣受试者区分开来的时候，测验也就失去了效度。这也是很多书本上强调"测验难度适中"的原因。

（六）受试者的群体特征

根据受试群体的具体特征，如年龄、性别、能力个体差异等，有针对地选择不同测验才能达到测验目的。因为同一测验指标用于不同的受试群体得到的结果是不同的。例如，引体向上测验可以用于高中以上男子的上肢肌肉力量耐力测量，而将它用于小学生或女子时，那将是无效的。因为绝大多数受试者完不成动作也就达不到测量目的。

四、提高有效性的方法

（一）深入研究测量的欲测属性

只有充分认识和把握测量的欲测属性，细致分析概念的内涵和外延，在全面认识和深刻理解的基础上，才可能在概念操作化过程中，编制出准确反映欲测属性的测量手段。例如，只有充分认识"智力"的概念特征，才可能编制出高效度的智力量表；只有深刻认识"个性"的概念特征，才能编制出高效度的个性量表。同样，只有弄清楚要测量上肢哪种力量属性，才能确定是选用传统的引体向上、还是选用快速 5-8 次的引体向上，还是1-2 次的负重引体向上。

（二）适当扩大样本含量并提高样本的代表性

在效标效度的计算当中，当样本含量"n"不足时，计算得出的效标有效性系数有可能失真。所以，要尽量扩大样本含量，消除这种失真因素。

在内容效度当中，如果测验题目数量过少，受试者应答的结果可能具有较大的偶然性。但是，题目数量过多，也可能因为受试者疲劳、厌烦等情绪使测验效果适得其反。因此，要适当扩大样本含量。当然，如果在理论测验中试题不能很好地反映教学大纲的内容和要求，内容效度则必定低下。合理的做法是充分研究大纲要求，在试题的全面性和侧重性上下工夫，在出题前事先列好测验细目表，严格按照细目表选择试题，这样，可以在一定程度上减少试题的抽样误差，提高试卷的效度。

（三）合理选择效标

选择效标时，在考虑效标的精确度的同时，还要考虑受试者的专项特点、年龄性别、受试者的能力水平等可行性因素。如足球运动员的一般耐力测验，以 12 分钟跑为效标可能比哈佛台阶试验更合理。

（四）提高测验的可靠性

经典测量理论认为，测量的可靠性是有效性的必要条件，一个测量效度的最大值等于该测量信度的平方根。因此，任何提高可靠性的方法都有助于提高效度。

（五）控制测量的难度和提高测验的区分度

只有难度适中的测验才能提高测验的可靠性，也只有难度适中的测验才有可能使测验具有最大的鉴别力（区分度）。因此，所选择或编制的测验要考虑受试者的实际水平，过难或过易的测验不但达不到测验目的，而且不具备有效性。

（六）考虑受试者的群体特征

适合男性的测验，不一定适合女性；适合一般人的测验，不一定适合特殊群体。正如不能用 1500 米测验来检验儿童的一般耐力水平一样，不能让小学生参加卡特尔个性因素测验（16PF）。

【思考与练习】

1. 简述测不准原理。
2. 简述四种测量误差。
3. 采集一些实际数据，利用 SPSS 统计程序，以积差相关法计算可靠性系数。
4. 采集一些实际数据，利用 SPSS 统计程序，以方差分析法计算可靠性系数。
5. 采集一些实际数据，利用 SPSS 统计程序，以裂半法计算可靠性系数。
6. 采集一些实际数据，利用 SPSS 统计程序，以等级相关法计算效标有效性系数。
7. 采集一些实际数据，利用 SPSS 统计程序，以积差相关法计算一人测量客观性系数。

8. 某班两次立定跳远成绩的相关系数为 0.88，下列说法哪个正确？

A. 测验的信度较高   B. 测验的信度较低

C. 测验的误差较大   D. 难以确定

9. 下列哪个说法正确？

A. 难度太大的测量效度高   B. 难度太低的测验效度高

C. 效度高的测验应该难度适中   D. 难度太低的测验效度低

10. 下列说法哪个正确？

A. 客观性就是可靠性   B. 可靠性就是客观性

C. 客观性不一定是可靠性   D. 可靠性不一定是客观性

第三章　体育评价的基本方法

第一节　评价量表

所谓评价量表，即指将实测值（原始成绩）换算成分数的规则。

评价量表，可以用数学公式表示，也可以根据数学公式制成分数换算表或评分图。在体育测量评价中，评价量表有以下几种：

一、标准分量表

（一）标准分量表的定义

标准分量表是以原始观测值的平均数为参照点、以标准差为单位将实测值转变成分数的规则。

（二）标准量表的计算公式

标准分量表有 Z 分量表和 T 分量表两种。凡总体是正态分布或近似于正态分布的原始数据，都可以用标准分量表进行换算。

1. Z 分量表

Z 分是一种最基本的标准分，它把平均数定为 0 分，一个标准差为 1 分，实测值距离平均数的标准差值即为 Z 分的分值，其计算公式为：

$$Z = (X - \bar{Y}) / S \quad （适用于数值大、成绩好的项目，如田赛项目）$$

（式 3-1）

式中　X 为实测成绩，$\bar{Y}$ 为群体的平均成绩，S 为标准差。若实测成绩正好等于平均成绩，则 Z 分为零；若 $Z = 0.5$，则表示实测成绩比平均成绩高出 0.5 个标准差。

在体育运动中，如径赛项目和游泳项目等，其数值越小，则成绩越好，这种情况下，可用下列公式计算 Z 分：

$Z = (\bar{X} - X)/S$（适用于数值小、成绩好的项目，如径赛项目）

（式 3-2）

这里需要补充的是，在统计学中，公式 $u = (X - \mu)/\sigma$，是标准正态分布的变换式，讨论的是总体的分布问题；而此处讨论的是样本的标准分，故分别以 $\bar{X}$ 和 S 代替了 μ 和 σ。另根据标准分的习惯用法将 Z 代替了 u。

在总体的正态分布中，有下列概率（面积）值：

$\mu \pm 1\sigma$ 占 68.26%，

$\mu \pm 2\sigma$ 占 95.44%，

$\mu \pm 3\sigma$ 占 99.73%，

当然上述概率值也可以通过正态分布表查得，任何一个 u 值（或 Z 值），均可以通过正态分布表果得该值所处的水平位置，即换算出群体中有多少百分比的人的成绩低于该 u 值（或 Z 值）对应的成绩。

由公式（3-1）可知，实测值和平均数的差与标准差之比就是 Z 分。Z 分的取值范围一般在 $\bar{X} \pm 5$ 内，制定的 Z 分量表最高分是 + 5 分，最低分是 − 5 分。在实际测量中，实测值呈正态分布时，绝大部分实测值（99.73%）在均值 ± 3 个标准差的范围内，故常用的 Z 分量表的取值多在[− 3， + 3]范围内。

2. T 分量表

由于 Z 分量表中存在负值与小数，不便于使用，因此，常将它转化为 T 分量表。

T 分的计算公式是：

$T = 10Z + 50$ （式 3-3）

从公式（3-3）可知，T 分是由 Z 分转化而来，它在 Z 分的基础上乘以 10 再加上 50 而求得。变换后 − 5Z 分对应 T 分的 0 分，0Z 分对应 T 分的 50 分，5Z 分对应 T 分摊 100 分，（见图 3-1），因此， − 5 至 + 5 的 Z 分就变成了 0—100 的 T 分，从而避免了 Z 分的小数和负数现象。

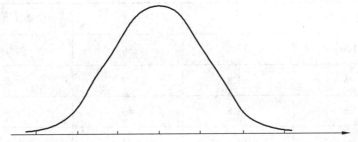

总体：	−5σ	−4σ	−3σ	−2σ	−1σ	μ	1σ	2σ	3σ	4σ	5σ
样本：	−5S	−4S	−3S	−2S	−1S	$\overline{X}$	1S	2S	3S	4S	5S
$\overline{X}$ = 30 米，S = 1 米		25	26	27	28	29	30	31 32	33	34	35
$\overline{X}$ = 30 秒，S = 1 秒		35	34	33	32	31	30	29 28	27	36	25
Z 分：	−5		−4	−3	−2	−1	0	1	2	3	4	5
T 分：	0	10	20	30	40	50	60 70	80	90	100

图 3-1　正态分布下的实测值和标准分的对应关系

（三）标准分量表的特点

标准分量表有两大特点：第一，成绩进步幅度相同，所得的分数相同。即随着实测成绩的增加（或减少），分数等比例增加（或减少）。第二，可以根据分数，推算出该分数所对应的实测成绩在群中位置排名。

如图 3-1 中，成绩从 35 秒（对应 T1）提高到 34 秒（T2）所对应分数 ΔT（ΔT = T2-T1 = 10-0），与成绩从 26 秒提高到 25 秒所得的 ΔT 相等，均为 10 分（T 分）。从图 3-1 中，读者可以制定其中一个田赛项目（均数 = 30。标准差 = 1）的评分标准见，表 3-1。

再如图 3-1 中，30 米对应的 Z 分为 0 分，T 分为 50 分，可以推出有 50%的人的成绩低于 30 米；30 米到 31 米之间的人数百分比（或概率）为 34.13%，即 68.26%的一半。

表 3-1　某田赛项目的 T 分评分表

T 分	成绩（米）	T 分	成绩（米）
100	35.0	50	30.0
98	34.8	48	29.8
96	34.6	46	29.6
94	34.4	44	29.4
□	□	□	□
52	30.2	0	25.0

　　进入 SPSS，定义变量 X—输入原始成绩—点击 Analysis—Descriptive statics--descriptive—点击 X 变量进入 varible 框勾选 "Save standardized values as variables"—点击 ok—在 dataview 窗口的 Zvar000 变量下可直接阅读每个实测成绩对应的标准 Z 分—点击 Transform—Compute—在 "Target variable" 框中输入 T—在 "Numeric expression" 框中输入 50＋10*Zvar1000—在 data voew 窗口的 T 变量名下直接阅读每个原始成绩对应的 T 分（标准分）。

（四）标准分量表的优点

（1）能使不同计量单位的测试成绩标准化，即统一计量单位。

（2）可用于不同项目之间的比较。

　　如某年级男生的 100 米成绩和跳远成绩呈正态分布，某同学的 100 米成绩为 14 秒，跳远成绩为 41 米，经过该年级 100 米成绩和跳远成绩的平均数和标准差转换成的 T 分分别为 61.5 分和 68.4 分，可以认为该同学的跳远成绩优于 100 米成绩。

（3）可用于综合评价。

　　表 3-2 给出了呈正态分布的三个项目的均数和标准差，已知甲、乙、丙三人的实测值，就可以利用标准分（Z 分或 T 分）对甲、乙、丙三人进行综合评价比较。

表 3-2 甲、乙、丙三人三个项目的原始成绩及其 Z 分（括号内的数字）

	100 米跑 （$\bar{X} = 13''5$, $S = 0.2''$）		立定跳远 （$\bar{X} = 230$, $S = 100cm$）		引体向上 （$\bar{X} = 10$, $S = 3$ 次）	
甲	13''5	（0）	240	（1）	13	（1）
乙	13''7	（-1）	230	（0）	16	（2）
丙	13''5	（0）	240	（1）	7	（-1）

注：实测值后括号内的数字代表 Z 分。

由表计算可知：

Z 甲 = 0 + 1 + 1 = 2 分，Z 乙 = - 1 + 0 + 2 = 1，Z 丙 = 0 + 1 - 1 = 0 分，则说明甲优于乙，乙优于丙。

（4）可以区分传统百分制无法区分的成绩差异。

从表 3-3 可知，从百分制看，甲、乙、丙三人三个项目的总分和平均分相同，是无法区分其优劣的。但是，从标准分的角度看，经过分数转换，甲、乙、丙的差异清楚地显现出来。

表 3-3 百分制与 T 分的比较

测验项目	百	分	制		T		分
	甲	乙	丙		甲	乙	丙
科目 A（65±5）	70	80	60		60	80	40
科目 B（70±10）	80	70	70		60	50	50
科目 C（60±10）	60	60	80		50	50	70
平均成绩	70	70	70		56.7	60	53.3

引自杨遁军 1990：79。

（五）标准分的缺点

前文提到，由图 3-1 中成绩从 35 秒（对应 T1）提高到 34 秒（T2）所得分数△T（△T - T2 - T1 = 10 - 0），与成绩从 26 秒提高到 25 秒所得的△T 相等，均为 10（T 分）。从竞技体育的角度来看，是明显不合理的，因为低水平的提高难度不大，而处在高水平同样提高某一幅度，则难度更大。因此可以发现，尽管标准分在理论测验中能发挥其重要作用，但是在竞技体育中，其存在明显的不足：只考虑成绩进步的幅度，不考虑提高的难度。因此，解决这个问题，需要启用累进分量表。

二、累进分量表

（一）累进分量表概述

累进分量表是用曲线方程或抛物线方程将正态分布的实测值转换成分数的一种规则。这种量表即是标准分的改良。与标准分一样，累进分量表的使用前提是实测数据呈正态分布或近似正态分布。

该量表就是用累进计分法制定的。它的主要特点是：既考虑成绩进步的幅度，又考虑成绩进步的难度。使分值增加的幅度与成绩提高的难度相适应。

例如，田径的《十项全能运动评分表》中，100 米跑成绩，从 12 秒提高到 11.9 秒增加 21 分，而从 14 秒提高至 13.9 秒只增加 15 分。虽然同样提高了 0.1 秒，但是成绩提高的难度不一样，因此增加的分值也不一样。一般说来，水平越高，成绩每提高 0.1 秒的难度也越大，所以相应增加的分值也就越高。

（二）累进分量表的制定与应用

累进分量表的计算公式为：

$$y = aD^2 - b \qquad\qquad （式 3-4）$$

式中：Y 为累进分数；

$\quad a$ 为系数；

$\quad D$ 为某成绩在正态曲线图横轴上的位置；

$\quad b$ 为基分点以左的分数。

其计算步骤如下：

（1）求出原始观测值的 $\bar{X}$、S、Md，并对其进行正态检验。

（2）确定评分满分和基分点的累进分和与其对应的原始成绩，满分和基分点一般定为 0 ~ 100 或 0 ~ 1000，相对应的原始观测值可用平均值加减几个标准差来确定，常用的有 $\overline{X} \pm 5S$ 或 $\overline{X} \pm 3S$。

（3）确定评分间距。根据需要可以用 1 个测量单位，也可用 1/100 或 1/1000 个测量单位为评分间距。

（4）求每一评分间距点处原始成绩的 D 值表。公式为：

$$D = 5 \pm (x - \overline{X})/S \qquad\qquad （式 3\text{-}5）$$

（5）将满分点和基分点相对应的 D 值以及分数代入方程建立方程组，求出 a 值和 b 值。

（6）依次将各个成绩的 D 值代入方程，求出每一成绩的累进分数。然后列出评分表。

【例 2.1】 已知某校男生跳高成绩 $\overline{X} = 128\text{ cm}$，$S = 4\text{ cm}$，最好成绩 = 140 cm，最差成绩 = 116 cm，数据呈近似正态分布。试制定累进评分表。

解：（1）确定评分满分和基分点的累进分和与其对应的原始成绩（$\overline{X} \pm 3S$ 取值）。

$$\overline{X} - 3S = 128 - (3 \times 4) = 116 \qquad 为 0 分$$

$$\overline{X} + 3S = 128(3 \times 4) = 140 \qquad 为 1000 分$$

基分点 D 值为：$D = 5 + (-3) = 2$
满分点 D 值为：$D = 5 + 3 = 8$

（2）将满分点和基分点的 D 值代入方程 $y = aD^2 - b$，得：

$$1000 = a \times 8^2 - b$$

$$0 = a \times 2^2 - b$$

解方程得：$a = 16.67$，$b = 66.67$ 则 $Y = 16.67D2 - 66.67$

（3）确定评分间距。以 1 个单位（1 厘米）为间距，以便从各个原始成绩求出相应的分数。

（4）求 D 值并列表：

① 求出评分间距对应的 D 值：

$$D = 1/4S = 0.25S$$

② 列 D 值表：

$$D140\ cm = 8$$

$$D139\ cm = 8 - 0.25 = 7.75$$

$$D138\ cm = 7.75 - 0.25 = 7.5$$

$$\vdots \qquad \vdots$$

$$D116\ cm = 2$$

（5）将 D 值依次代入方程（则 $Y = 16.67D^2 - 66.67$），求出各实测值的累进分。

如：$Y140 = 16.67 \times 8^2 - 66.67 = 1000$ 分

$\qquad Y139 = 16.67 \times 7.75^2 - 66.67 = 934$ 分

$\qquad \vdots$

$\qquad Y116 = 16.67 \times 2^2 - 66.67 = 0$ 分

（6）列出原始成绩与累进分对照表（见表3-4）：

表 3-4　某中学男生跳远成绩累进分评分表

成绩（厘米）	分数	成绩（厘米）	分数	成绩（厘米）	分数
140	1000	131	484	122	138
139	934	130	438	121	109
138	871	129	393	120	83
137	809	128	350	119	59
136	750	127	309	118	38
135	693	126	270	117	18
134	638	125	234	116	0
133	584	124	200		
132	533	123	168		

累进分评分量表对优秀运动员是有利的，它适用于提高的难度越大，相对应得分越多的竞赛成绩评价。它对成绩差的人明显不利，因而它不利于调动低水平的人参加体育锻炼的积极性，所以累进分评分量表在群众体育锻炼的评价中应用较少。

三、百分位数量表

（一）百分位数量表概述

百分位数量表是以原始观测值的排列序数与总人数之比为参照点，以序数（等级）为单位来制定评分标准的，是一种相对位置的评价。

百分位数量表使用的前提没有什么限制，原始数据可呈任何分布，即既适合于正态分布也适合于非正态分布。其计算结果，可解释为某个体成绩在群体中的排列位置（序数），也可以说低于该成绩以下百分之几的人数。

（二）百分位数量表的制定

百分位数量表的计算公式为：

$$P_x = L_x + \frac{i}{Fx}\left(\frac{X.N}{100} - C_x\right) \qquad （式 3\text{-}6）$$

式中：P_x 为第 X 百分位数；

　　　L_x 为所求的百分位数所在组的下限；

　　　X 为所求的百分位数的秩数：$X = 1, 2, 3, \cdots\cdots 99$；

　　　F_x 为第 X 百分位数所在组的频数；

　　　C_x 为小于 L_x 的上组累计频数；

　　　i 为组数；

　　　N 为总样本数。

【例 2.2】　以 140 名男生立定跳远成绩为例（见表 3-5），计算 P5 和 P20 的百分位数对应值。

表 3-5　某校男生立定跳远成绩频数分布表

分组	频数	累计频数
1.80	1	1
1.90	1	2
2.00	11	13
2.10	24	37
2.20	29	66
2.30	39	105
2.40	21	126
2.50	9	135
2.60	4	139
2.70	1	140

解:（1）制定立定跳远实测成绩的频数分布表（见表 3-5）。

（2）求百分位数，例如，求 P5 百分位数。

依表 3-5，已知：$L_x = 2.00$，$F_x = 11$，$i = 0.1$，$N = 140$，$C_x = 2$，$X = 5$

代入公式：$P5 = 2.00 + \dfrac{0.1}{11}\left(\dfrac{5 \times 140}{100} - 2\right) = 2.045$

（3）同理，依次可求出 P0 ~ P100 各序数（位置）的百分位数（原始观测值）。

其实，上述的计算过程完全可以在计算机上通过 SPSS 程序完成，如表 3-6，是以 5 个序数（位置）为间距的百分位数评价表。

表 3-6　立定跳远百分位数评价标准

百分位数	成绩（米）	百分位数	成绩（米）
P100	2.80	P50	2.31
P95	2.58	P45	2.29
P90	2.50	P40	2.27

百分位数	成绩（米）	百分位数	成绩（米）
P85	2.47	P35	2.24
P80	2.43	P30	2.22
P75	2.40	P25	2.19
P70	2.38	P20	2.16
P65	2.36	P15	2.13
P60	2.35	P10	2.11
P55	2.33	P0	1.80

进入 SPSS，定义变量 X—输入原始成绩—点击 Analysis—Descriptive statistics —Frequencies—点击 X 变量进入 Variable 框—点击 Statistics—选择 Percentile[s]— 把需要计算的百分位数（如 100，95，90 等）逐个点击 Add—点击 Continue—阅 读计算结果。

例如，某学生的立定跳远成绩为 2.47 米，经过计算，其对应的百分位 数为 85%，意味着：在群体（样本、或班级）中，有 85%的人的成绩低于 2.47 米，或者说，2.47 米优于群体中 85%的人的成绩。

要注意的是，百分位数只能直接用于单项评价，而不能像标准分那样 直接用于综合评价。

综上所述，三种评价量表是最常用的评价量表，其适用的前提条件不 同，评价结果的含义也不同，评价结果的信息量亦有所不同。

第二节　等级评价

一、离差法

（一）离差法概述

离差法是以大样本调查资料的平均数为基准值，以标准差为离散距，对能力和水平进行等级评价的方法。

对于正态分布或近似于正态分布的资料，可用离差法划分评价等级。因为是正态分布，其主要特征是属于中等水平的人居多，而处于好或差范围的人数较少。所以，划分评价等级时应考虑此特点。

（二）离差法划分等级评价标准的步骤

离差法划分等级的步骤如下：

（1）确定评价等级数。

评价等级数是根据评价目的来确定，一般来说，用于终结性评价的定五个等级为宜，即优、良、中、下、差；而用于教学训练中的诊断性评价则多定为三个等级，即优、良、差。

（2）确定各等级的理论百分数。

各等级的理论百分数依不同的评价目的或用途来人为确定。不管采用哪种百分比，其总体应是符合正态分布理论的，即中等水平的占多数，优、劣的占少数。

（3）查正态分布表，找出各等级的分界点，划分出各个等级的标准。

将各等级的百分比看成是正态曲线下的面积（或概率），然后查正态分布表，找到各面积对应的 U 值，即为各等级的分界点。表 3-7、表 3-8 是用离差法等级评价的两个标准，要注意的是，这两个标准的理论百分数是不同的。

表 3-7　用离差法划分的各个评价等级的标准（一）

评价等级	标　准	理论百分数%
上等	$(\overline{X}+1.28S)+\Delta$ 以上	10
中上等	$(\overline{X}+0.67S)+\Delta$ 至 $(\overline{X}+1.28S)$	15
中等	$(\overline{X}+0.67S)$ 至 $(\overline{X}-0.67S)$	50
中下等	$(\overline{X}-0.67S)-\Delta$ 至 $(\overline{X}-1.28S)$	15
下等	$(\overline{X}+1.28S)-\Delta$ 以下	10

注：Δ 是规定允许的最小单位。如体重的计量 Δ 可以取 0.1 kg，肺活量的计量 Δ 可以取 10 ml。下同。

表 3-8　用离差法划分的各个评价等级的标准（二）

评价等级	标　　准	理论百分数%
上等	$(\overline{X}+2S)+\Delta$ 以上	2.3
中上等	$(\overline{X}+1S)+\Delta$ 至 $(\overline{X}+2S)$	13.55
中等	$(\overline{X}-1S)$ 至 $(\overline{X}+1S)$	68.3
中下等	$(\overline{X}-1S)-\Delta$ 至 $(\overline{X}-2S)$	13.55
下等	$(\overline{X}-2S)-\Delta$ 以下	2.3

（4）计算各等级的分界值。

以实测值的平均数为基准，加减各等级规定的标准差，即可计算出各等级实测值数据的分界值。

（5）将各界点的计算结果列表形成等级评价表（如表 3-9）。

表 3-9　北方城市男生身高离差法等级评分表（厘米）

年龄	下等 $(\overline{X}-1.28S)-0.1$	中下等 $(\overline{X}-1.28S)\sim(\overline{X}-0.67S-0.1)$	中等 $(\overline{X}+0.67S)$	中上等 $(\overline{X}-0.67S+0.1)\sim(\overline{X}+1.28S)$	上等 $(\overline{X}+1.28S)+0.1)$ 以上
7	115.5	115.6-118.7	118.8-125.7	125.8-128.9	129
8	119.5	119.6-122.9	123.0-130.2	130.3-133.6	133.7
9	124.2	124.3-127.7	127.8-135.4	135.5-138.9	139
…	…	…	…	…	…

引自统编教材《体育测量评价》1995：50。

二、百分位数法

（一）百分位数概述

百分位数法，是以大样本调查资料的中位数（即第 50 位百分数）为基准值，以其他百分位数为离散距进行的分等评价。

百分位数分等评价，可以在正态分布的情况下进行，也可以在非正态分布的情况下进行。至于要分多少个等级、每个等级占比例多大的问题，完全由标准制定者根据实际情况确定。

（二）百分位数法等级评价标准的制定步骤

用百分位数制定评价等级的步骤是：

（1）确定各等级数（如分为五级，见表3-10）。

（2）确定各等级人数的理论百分数。

（3）确定各等级的分界点。即求出各界点（P90、P75、P25、P10）对应的实测值。

（4）把计算结果列表，制成百分位数等级评价表（见表3-11）。

表3-10　百分位数法划分评价等级

评价等级	标准（各等级分界点）	理论百分数（%）
优	90%位数 + Δ以上	10
良	75%位数 + Δ至 90%位数	15
中	25%位数至 75%位数	50
下	25%位数 − Δ至 10%位数	15
差	10%位数 − Δ以下	10

注：Δ规定允许的最小单位。

表3-11　北方城市男生体重百分位数法等级评价表

年龄	下等 P10-0.1 以下	中下等 P10 ~（P25-0.1）	中等 P25 ~ P75	中上等 （P75 + 0.1）~ P90	上等 P90 + 0.1 以上
7	18.5	18.6-19.9	20.0-23.4	23.5-25.5	25.6
8	20.2	20.3-21.5	21.6-25.4	25.5-27.5	27.7
9	22.0	22.1-23.6	23.7-28.2	28.3-30.9	31.0
…	…	…	…	…	…

注：引自统编教材《体育测量评价》1995：52。

三、等级评价的操作方法

（一）对个体的评价

在评价表进行单项指标的个体评价时，首先根据被评价者所属组别找到相应指标的评价表（如表 3-11），然后按被评价者的年龄和实测值，在表中找到他所属的评价等级。

（二）对群体的评价

对群体进行评价时，一般先将群体中的个体按照上述评价方法逐个评价其所属等级，然后计算被评价者各等级的人数及所占百分比并进行比较。也可以将几个人数不相等的群体，先进行个体评价，然后对等级进行赋值：上等＝5，中上等＝4，中等＝3，中下等＝2，下等＝1，累加成各群体的总分，再计算各群体的平均分并进行比较，平均分数高者为优。

第三节　综合评价

一、综合评价概述

在体育评价中，如训练效果、教学能力、教学效果等，往往涉及多个指标。但由于各项目和指标的计量单位不同，不能直接相加。因此，必须将数据标准化。

综合评价是将各项不同计量单位的原始观测值，转换成统一计量单位后，以它们的总和（或平均值）来反映测验群体属性的一种评价方法。

二、综合评价的方法

在体育评价中，常用的综合评价方法有如下几种：

（一）文字等级

所谓文字等级，即是以优良中下差等来描述学生成绩。在某些综合

（或整体）属性的测验中，若各测验成绩均以文字和等级进行评价时，可将这些文字和等级转换成分数，然后求出其总分，文字等级转换成分数的方法是：

（1）赋予各等级分数。如 A（优）= 5 分，B（良）= 4 分，C（中）= 3 分，D（下）= 2，E（差）= 1 分。或者 $A^+ = 14$，$A = 13$，$A^- = 12$，$B^+ = 11$，……$E^+ = 2$，$E = 1$，$E^- = 0$ 等等。

（2）将转换成的分数求总和或平均值。以总和（或平均值）进行综合评价。

（二）分数总分

在体育测量评价中，有许多测验是用分数来取值的。例如，某些技术评分，课程考试，或者那些经过转换的 Z 分、T 分、累进分等。当进行综合评价时，就可以在各单项测验评价的基础上，将个体在各项测验所得的分数累加求出总分或平均分，最后以个体的总分（或平均分）作为整体属性的综合评价。

该方法最大的优点是简单、快捷，然而，它无法考虑各项测验对整体属性的作用或影响程度。

（三）加权总分

该方法是的分数总分基础上，考虑了各测验整体属性的作用或影响，借此赋予或求出各测验对整体属性的权重（加权数），然后用加权总分的公式求出总分。加权总分的计算公式为：

$$Y_{加权} = W_1 X_1 + W_2 X_2 + \cdots\cdots + W_x X_x \qquad\qquad （式 3-7）$$

式中：$Y_{加权}$ 为加权总分；

W 为各测验的权重（加权数）；

X 为个体在各测验中的分数，可以是标准分、累进分、传统百分等。

要说明的是，权重（系数）是指综合评价中各指标的相对重要程度。一般而言，$W_1 + W_2 + W_3 + \cdots\cdots + Wn = 1$（100%），当然，当指标数量较多时，可以扩大 10 倍、100 倍，但需要事先说明。

权重的确定方法有很多种，如：

（1）以经验或理论判断各项测验对整体属性的作用或影响大小，并以其程度赋予或给予一个加权数，一般说来，总加权数为1。

（2）用专家咨询法求各测验的加权数。该法是将整体属性及各项测验列成一个咨询量表，然后请专家判断赋值（比重或百分比）。以专家的赋值求出各项测验的权重。

用加权总分制定综合评价标准的步骤如下：

（1）采用数理统计方法或专家调查方法筛选指标并确定权重系数。

（2）抽取大样本，通过测量获取各个评价指标的原始数据资料。

（3）制定单项指标评分表，并按照确定的加权数进行加权（将权重系数隐含在分数中）。

（4）将样本中的每个个体各项指标实测值按照单项评分表评分，并累加成总分。

（5）对样本总分分布进行正态检验，同时计算总分的平均数、标准差和第10、25、50、75、90百分位数。

（6）用离差法或百分位数法制订总分的综合评价标准。

三、多级指标的综合评价

在实际的评估、考核等综合评价中，往往涉及多个层次、多级指标的评价问题。如表3-12所示，一级指标有两个：X_1、X_2，每个一级指标下面，又有若干个二级指标。

尽管较复杂的评价指标体系还可能出现三级指标、四级指标等等，但是其各级指标的权重是有一定规律的，以表3-12为例子，如 $W_1 + W_1 = 1$，$W_{11} + W_{12} + W_{13} = 1$，$W_{21} + W_{22} = 1$；通过二级指标的得分和权重，可以计算出一级指标的得分，再根据一级指标的得分和权重，依次计算出总分，其计算步骤为：

$$X_1 = X_{11}W_{11} + X_{12}W_{12} + X_{13}W_{13}$$

$$X_2 = X_{21}W_{21} + X_{22}W_{22}$$

$$Y = X_1 W_1 + X_2 W_2$$

表 3-12　多级指标的综合评价示例

总评	一级指标	权重	二级指标	权重
Y	X_1	W_1	X_{11}	W_{11}
			X_{12}	W_{12}
			X_{13}	W_{13}
	X_2	W_2	X_{21}	W_{21}
			X_{22}	W_{22}

　　综合评价除上述方法外，还可以借助电子计算机，用比较复杂的统计方法，建立各种综合评价的数学模型，如相关模型、回归模型、模糊数学模型以及因子分析模型，等等。

第四节　制定和使用评价标准应注意的问题

一、样本含量

　　规范化的评价标准，一般是在大规模的调查研究基础上制定的。这种调查研究，往往又多采用抽样调查的方法，因而会产生抽样误差。而样本含量越小，抽样误差就会越大。因此，适当地增加样本含量，可以减少抽样误差。当然，这样又会增加研究费用和工作量。所以，一般是兼顾两方面的要求，将样本含量定在一个合适的水平。

　　一般情况下，制定全国性评价标准时，同一性别、年龄组样本人数应在千人以上，地区性标准，样本人数不低于 200 人。如果用百分数法制订标准，样本人数则要求更多，这样才能反映总体的水平。若制定有关训练水平和选材的评价标准，可视其总体数量，酌情而定。

二、年龄特点

人的机能能力随着年龄的变化而变化，尤其是在生长发育阶段。各年龄组之间，无论在形态结构、运动能力以及适应能力等方面，存在着显著的差异。因此，在制定有关评价标准时，必须充分考虑年龄特点，按年龄组制定不同的标准。

按年龄分组的方法，大致有三种：一是按日历年龄分组，另一种是按生物年龄分组，还有一种是按运动年龄或运动等级分组。使用哪种分组方法，主要取决于评价的目的、任务和评价指标的特点。在儿童少年阶段，年龄组的划分要比成人细，一般可以一岁一组，成人可按青年、中年、老年组来划分。

对于生物年龄，一般采用骨龄分组，根据骨龄和日历年龄的差值分为正常发育、早熟、晚熟三种类型：

正常：｜骨龄 – 日历年龄｜≤1 年；

早熟：骨龄 – 日历年龄>1 年；

晚熟：日历年龄 – 骨龄>1 年。

三、性别、地区和种族特点

人的各种能力受遗传、环境、经济发展水平、文化物质生活水平的影响，不同地区和种族之间也存在着较大的差异。因此在制定和使用评价标准时，对这些因素必须给予足够的重视。尤其是在使用某些现成的评价标准时，应做具体分析，考虑它是否适合于本群体的实际水平。否则，即便使用这些标准进行评价，有时也是毫无实际意义的。

四、形态特征的差异

人体的形态特征与生理机能和运动能力有着十分密切的关系。例如，肺活量与体重，胸围与身高，最大摄氧量与体重等，因此，在制定评价标准时，应尽量排除因体型差异对评价标准结果产生的影响。其方法就是用身体指数法（如握力/体重，肺活量/身高）制定评价标准。

五、权　重

制定多指标综合评价标准时，应根据指标的相对重要程度进行加权。同时要求各指标实测值呈正态分布或接近正态分布。对非正态分布的指标，要进行正态分布的转换。

六、使用范围

评价标准是由样本资料制定的。因而它只适用于抽取样本所属的总体，即只要属于该总体的个体均可使用此评价标准，而此总体之外的个体则不适用此标准，也称之为"总体的局限性"问题。例如，从北京市抽样制定的北京市儿童少年的生长发育标准，只能用于北京市儿童少年的生长发育评价，不能用于其他城市的儿童少年生长发育评价，仅可以作为参考。

另外，随着年代的推移，同一地区的人群状况也会有所变化。那么特定年代制定的评价标准，只能用于一定年限（一般 5 年），随着时间的推移，应重新制定评价标准，不能一成不变。

【思考与练习】

1. 简述评价的三种形式。

2. 在正态分布下，求出下列情况下的概率（面积）：
（1）－1S～1S，（2）＞2S，（3）＜3S，（4）－2S～1S

3. 在书中的表 3-2 中，如果 100 米跑的权重 $W1 = 0.25$，立定跳远的 $W2 = 0.35$，引体向上 $W3 = 0.45$，请综合评价甲、乙、丙三人的优劣。

4. 某田赛项目的 $X = 150$ 米，标准差 $S = 10$ 米。如果规定优秀 15%，良好 30%，及格 45%，不及格 10%，请用离差法制定等级评价标准。

第四章 体育教学的测量评价

对体育教学过程的测评是《体育测量学》课程的主要内容之一，测量与评价是实现教学训练的基础。没有测量，就没有信息，也就无法评价；没有评价，就没有比较，反馈也就失去了意义。其实，在教学与训练过程中，教师有意或无意中都会不断地运用测量与评价的有关知识对教学训练进行控制和调整，评价贯穿于教学训练的始终。

对体育教学过程的测评，就是对教学过程中的客观现象进行测量和评价，它的作用表现以下几个方面：① 导向作用；② 管理作用；③ 激励作用；④ 诊断作用；⑤ 鉴定作用。

体育教学如同其他课程教学一样，教学过程也是由教师、学生、教学内容和教学手段等要素组成。因此，对体育教学过程的测量和评价，即是通过教学过程中对上述诸要素的测量评价来实现的。

第一节 体育教师教学能力的测量与评价

在教学的诸要素当中，教师是教学的主导，学生是教学的主体。教师主导作用的好坏直接影响到对教学内容的合理安排和对教学手段的灵活运用，最后直接影响学生掌握知识和提高能力的程度和效率，最终体现在教学效果的优劣上。

一、术科教师的教学能力测量与评价

高等学校中的体育术科教师和中小学的体育教师，都是以传授技术动作为主的体育教学工作。那么，其教学能力应包括哪些内容呢？结合有关

方面的资料，在此概括性地提出如下主要内容：

（一）专业知识

教师对术科教材内容的掌握和理解程度是决定专业知识的一个主要方面。但是，专业经历、训练和比赛经历、竞技水平能力的高低、执教年龄、对本职工作的热爱程度、是否积极进行教学改革等因素，也是影响一个术科教师教学能力的重要因素。

（二）备课水平

主要体现在教学的质量上，还包括课前场地器材的准备。在教案中，应该详细地说明教学的重点和难点，以及针对性的教法和措施等，还要考虑偶发事件的发生和及时处理、不同班级的水平差异、同一个班级中不同水平学生的区别对待等，要强调的是，不同教师的教案可能差异很大，如新老师的教案可能要详细得多，而老教师的教案可能相对简单明了。另一方面，教案内容并不是一成不变的，教师在上课过程中会依据具体的情况灵活地调整教案。因此，教案的质量并不能说明一个教师的教学能力。

（三）教学方法

如是否运用了讲解、示范；在教法的选择上是否考虑了教材内容的难易程度及其衔接情况；教学中是否遵循有关的教学原则；对不同的教学内容，教法运用的合理性；是否在教学中确实做到了区别对待，等等。

（四）教学组织能力

反映了教师在教学过程中是否能很好地调整和控制整个教学的秩序，教学过程中的应变能力，课的一般密度、运动密度、运动量、课的时间和进度掌握，等等。

（五）教学任务完成情况

教师是否完成"双基"教学任务，是否始终在向学生灌输"体育是以体力为外在表现、以智力和灵魂的运动"的意识；是否在完成教学任务的同时又使学生体会到了体育运动的乐趣及其背后的智力活动等；在思想教育方面，教学是否确实做到了"既教书又育人"；是否在培养学生勇敢顽强等意志品质的同时，向学生灌输"正当的竞争意识"，等等。

（六）个性心理品质

虽然个性是一个中性词，没有绝对好的个性，也没有绝对不好的个性。作为人类灵魂工程师、引导学生走向身心健康之路的体育教师，必须具有创造性思维品质、平易近人与人为善的态度、爱屋及乌（因为热爱教学，因此也像爱自己的孩子一样爱护学生）的爱心等等。教师的威信绝不总是靠少言寡语、一脸严肃制造紧张氛围来建立。

以上述内容对术科教师教学能力进行评价，已为广大体育教师所熟悉，而且被广泛地运用。但是，对术科教师的教学能力做全面系统的研究尚不多见。下面介绍一个相关研究，仅供参考。

示例：体育老师教学能力评价。

目的：评价教师的教学能力。

对象：体育专业男女实习教师（中学体育课的教学）。

测评有效性：研究者用 21 项因素来观测教师的教学能力，通过回归分析，确立了一套含 8 个测评项目的评价方程，这 8 项因素与 21 项因素的复相关系数是 0.842。

评分内容与评分方法：评分内容见表 4-1；以优、良、合格、不合格四个等级进行评分。

表 4-1　术科教师教学能力测评项目

类别	测评项目
课前准备	（1）场地器材准备（2）熟悉教学对象（3）教案质量（4）服装检查
教学方法	（5）讲解（6）示范（7）教法运用（8）个别对待（9）教态
课的组织	（10）教学环节组织（11）一般密度（12）运动密度（13）运动量（14）时间掌握（15）应变能力
教学任务	（16）双基教学（17）思想教育（18）队列指挥（19）纪律要求（20）出勤检查（21）课的自我分析

研究结果：教学能力 = 28.27 + 0.77（教案质量）+ 0.99（讲解）+ 0.76（示范）+ 1.22（教法运用）+ 0.98（教学环节组织）+ 0.97（运动量）+ 1.04（教学任务）+ 1.51（队列指挥）。

评价：将上述 8 个测评项目的评分结果代入方程求总分，以总分的多少进行评价。

二、学科教师的教学能力测量与评价

在体育领域，有专职的术科教师，也有专职的学科教师，关于学科教师教学能力的研究并不多见。那么，学科老师的教学能力应包括哪些内容呢？

（一）专业知识

主要表现在教师对教材内容的理解和掌握程度。与术科教师不同的是，学科教师的科研水平是其专业知识水平的一个重要标志。教师在本学科内的科研水平直接或间接地反映了他对教材的理解和把握程度。另一方面，在教学中不断对教材内容进行补充、修改、改革、创新，是一个教师的专业知识水平不断提高的重要表现。

（二）教案质量

教案质量是老师备课质量的直接反映，也是教师专业知识水平的体现。教案不仅应该条理清楚、主次分明，而且还要体现出同类教材对某一问题的不同见解、目前的热点问题、目前尚未解决或定论的问题等。另外，不管教学内容是否抽象难懂，教案（即备课内容）还要注意与教学、训练、生活实际相结合。

（三）教学方法

是否灵活应用各种教学方法，如讲解教学法，完整与分解相结合的教学方法，发现教学法，掌握学习法和程序教学法，等等。不同教学方法的运用，可以使学生发现问题，使学生学会学习，还可以根据学生个性进行区别对待教学等。

（四）课堂组织能力

理论课程教学的组织似乎比室外的技术课教学的组织更简单。事实并不是这样！如果要把理论课程的教学组织得有声有色和富有激情，学科教师需要在讲课语言、板书、演示、提问、巡视等方面组织好自己的课堂行为，有效地导入新课；讲课具有准确性、条理性和系统性；善于激疑，唤起注意、兴趣和启发思维；要具有随机应变、因势利导、"对症下药"和掌握教育分寸的教育教学机智，等等。

（五）教学任务的完成情况

不仅表现在每次课能按照既定的教学进度完成任务，而且还表现在能依据教学计划按时完成整个教学任务；不仅要完成课本上的教学任务，还要重视思想教育、纪律和考勤要求等方面的内容；不仅要教学生知识，更重要的是教会学生如何学习；不仅能按部就班地完成教学任务，而且能在教学上进行创新和改革。

（六）教师个性心理品质

教师在整个教学过程中，集领导、父母、同学、朋友等角色于一身，要充分激发和保持学生良好的学习动机，形成师生互动、互助的教学气氛，这就需要教师具有丰富的个性，灵活多变的信息表达方式，随机应变的管理能力，等等。

有研究把学科教师的教学能力素质测评指标归纳为如下几个方面，见表 4-2。

表 4-2 学科教师教学能力测评项目

类别	测评项目
思想道德	（1）政治思想（2）职业道德（3）现代观念
文化科学	（4）专业理论（5）文化基础（6）教育科学
身体心理	（7）身体（8）心理
能　力	（9）掌握和运用教法（10）表达能力（11）组织管理（12）实际操作（13）交往公关
	（14）教育研究（15）心理教育（16）把握三种课堂（17）机智和创新
审　美	（18）审美基础知识（19）审美教育能力（20）教师风度

第二节　体育教学效果的测量与评价

一、体育教学效果评价的依据

已知教学过程由四要素组成，其中教师和学生是最活跃的两种因素。在确定教学目标、教学大纲之后，教师和学生即是教学效果的具体体现者，尤其是学生的学习成绩。

但是，完全基于学生学习成绩的教学效果评价有一定的局限性。因为，与其说学生的学习成绩和成绩进步幅度能反映教师的教学能力和水平，不如说反映了学生本身的学习情况。不管教师教得如何，如果"外因不通过内因起作用"，教师的努力将不会在学生学习方面起作用；当然，学生也可以通过各种自学途径取得好成绩；另一方面，学生成绩也受到测验本身是否标准化、评价或定级是否合理等因素的影响。

作为教学效果的全面评价，除了对学生成绩进行评定外，还应包括教师的个性特征和教学能力等因素。前面介绍的教师教学能力的测评问题，虽然涉及的内容也不少，但传统的评价方法大多是倾向于随堂观察。这种方法长期以来为各级学校领导一致默认，由于时间和精力的限制，确实也不可能对教师进行长期的随堂观测，就只能是随机地进行观察一两堂课，显然，还必须结合其他方面的测评，如教师自我评价、学生评价、同事评价等。对教师个性特征的测评虽然有许多研究涉及，但尚未得到圆满的解释。这也许跟教师的个性只是教学的一个影响因素而非决定因素有关。

因为上述原因，评价教师的教学有多种途径。归纳起来，可大体上分为两种：一是基于教学过程的评价，主要内容包括教师的个性和教学能力评价；二是基于教学结果的评价，主要评价内容倾向于学生的学习成绩和成绩进步幅度。

二、不同类型评价者对体育教师的教学效果评价

（一）学生对教师的教学效果评价

学生虽然是被动的受教育者，但他们自始至终参与了以教师为主导的

教学活动，日复一日地听课，对教师各个方面的表现，学生是最有发言权的。这方面的评价一般采用咨询量表的测验形式。

1. 学生评价的有效性

学生对教师教学效果评价的有效性，首先取决于评价内容是否反映教师的教学能力，其次是这些内容是否为学生所熟悉。因此，要特别注意的是，评价内容不仅要最大限度地反映教师的教学能力，而且应从便于学生观察或评价的角度出发，选择学生熟悉的测评内容，如前面所述的专业知识，知识面，课的准备，教学方法，课的组织等等方面。借此精心编制一套咨询量表（见表4-3），这一套量表题目，即是从学生角度对教师教学能力的操作化结果，所有题目必须比较全面地反映教师的教学能力且为学生所熟悉。学生作答时，要求学生根据量表的意思、任课教师的实际表现及自己的实际情况，实事求是地进行匿名填写。

表4-3　学生评价体育教师教学效果的量表示例

类　　目	优	良	中	下	差
1. 教师对教材是否熟悉？	□	□	□	□	□
2. 教师讲解的清晰度	◇	◇	◇	◇	◇
3. 教师示范的正确性	□	□	□	□	□
4. 教师教学热情与责任心	□	□	□	□	□
5. 教学方法是否合理？	□	□	□	□	□
6. 课的组织是否紧凑而合理？	◇	◇	◇	◇	◇
7. 课前准备是否充分？	□	□	□	□	□
8. 你觉得练习时间够吗？	◇	◇	◇	◇	◇
9. 教师要求是否严格？	□	□	□	□	□
10. 你是否完成了学习任务？	◇	◇	◇	◇	◇

类　目	优	良	中	下	差
11. 教师的专业知识水平	□	□	□	□	□
12. 你愿意上该教师你的课吗？	◇	◇	◇	◇	◇
13. 考试是否反映了你的实际水平？	□	□	□	□	□
14. 教师上课是否有新内容和新知识？	◇	◇	◇	◇	◇
15. 教师经常采用启发式教学吗？	□	□	□	□	□
16. 教师的教学经验丰富吗？	◇	◇	◇	◇	◇
17. 课的运动量是否合理？	□	□	□	□	□
18. 你觉得自己进步快吗？	◇	◇	◇	◇	◇
19. 教师对你了解吗？	□	□	□	□	□
20. 你对教师信任吗？	□	□	□	□	□
21. 教师的教学技巧和教学艺术水平	□	□	□	□	□
22. 你觉得教师对你有偏见吗？	◇	◇	◇	◇	◇
23. 你觉得教师的教学效果如何？	□	□	□	□	□

2. 学生评价的可靠性（客观性）

学生评价的态度，是决定其评价可靠性的管理权限因素，因为学生在评价中通常会带有主观随意性，而且他们缺乏对教师教学能力的全面认识，应答时，将会过多地考虑自己的需要和愿望，另外，课程本身的难易程度、学生学习的兴趣和动机等因素也直接影响学生评价的可靠性。

对于学生评价教师教学效果的可靠性问题，美国学者曾做过大量的研究。有充分的证据表明，学生对教学效果的评价是可靠的。在短期内，其测验—再测验的可靠性系数在 0.87 ~ 0.89。若两个测验相隔半个学期，可靠性系数将会稍低一些，但他们仍在可接受的范围之内。有人对学生评价的咨询量表可靠性做过研究，其可靠性系数在 0.64 ~ 0.69。若将可靠性的重点放在学生成绩方面，其可靠性就不大理想（可靠性系数在 0.35 左右）。这说明，老师的教学能力是稳定的，而他们的教学效果就不一定是稳定的了。表4-4展示的是一份学生对学科老师教学质量评价表（示例）。

表 4-4　学生对学科教师教学质量评价表（在相应的格内打√）

一级指标	二级指标	等级	等 级 内 容	课程名称 1	2	3	4	5
课 堂 讲 授 0.75	教学态度 0.30	A	治学严谨、认真、负责，要求严格，重视教书育人。					
		B	教学认真，对学生要求比较严格，注意教书育人。					
		C	教学尚认真，但对学生要求不够严格，较少注意教书育人。					
		D	教学不够认真，不注意教书育人。					
	教学内容 0.25	A	内容充实，教学中注意联系实际。					
		B	内容较充实，教学中注意联系实际。					
		C	内容尚充实，不太注意联系实际。					
		D	内容不够充实，不重视联系实际。					
	教学方法 0.30	A	讲授启发性强，吸引力强，能充分调动学生学习积极性，并重视学生能力的培养。					
		B	讲授有一定的启发性和吸引力，比较注意学生能力培养					
		C	讲授较平淡，不生动，对学生能力培养一般。					
		D	讲授较刻板，枯燥无味，无吸引力。					
	表达能力 0.15	A	概念准，思路清晰，重点突出，讲解熟练，条理性强，板书好。					
		B	概念准，条理清，较能突出重点，语言尚流畅，板书尚好。					
		C	概念尚准确，条理尚清楚，但不生动，重点欠突出，板书一般。					
		D	概念叙述常有错，条理性差，重点不突出，板书较差。					
	课外辅导 0.25	A	关心学生，重视学生信息反馈，能因材施教，善于引导和开发学生的应用能力，并实行具体措施，效果显著，辅导答疑，批改作业等工作认真负责、及时、效果好，重视教书育人。					
		B	比较注意上述各项，有一定措施和效果。					
		C	对上述各项缺乏措施，效果一般。					
		D	不重视课外辅导，批改作业不认真。					
综合评价	在本学期中，你对各门课程的任课教师的综合印象是：		很好					
			较好					
			一般					
			较差					

（二）同事对教师的教学效果评价

1. 同事评价的有效性问题

在教学效果的评价过程中，同事的评价应该是有效的。因为他们经常在一起参加教研活动，互相观摩，相互之间对专业知识、研究能力、学术水平、知识面、教学态度、与学生的关系及教学的各种能力因素都比较了解。如果同行或同事实事求是地进行评价，这种评价是具有说服力的。

2. 同事评价的可靠性（客观性）

评价可以随堂进行，也可以通过咨询量表、问卷或调查访问的形式进行。但是，有研究发现，同事之间的评价极不一致（一致性系数为 0.26 左右）。不能否认，其评价的客观性比学生评价的要低。在森太雷（centra）研究中，他所用的咨询量表中仅有 1/3 的题目，学生与同事评价的结果大致是相同的。要强调的是，这并非意味着不能用同事来评价教师的教学效果，而正好说明学生与同事的评价应相互补充使用。

表 4-5 是同事或领导对教师教学效果的评价示例。

表 4-5　同行、领导对教师教学质量评估意见表（示例）

	指标（内涵）	优	良	中	差
1	课程的教学组织（课程的总体情况，从内容到各环节的安排等）	◇	◇	◇	◇
2	课程内容表达（讲述准确、概念清楚、突出重点、难点等）	◇	◇	◇	◇
3	课程内容熟练程度，讲课和板书的清晰程度	◇	◇	◇	◇
4	提高教学效果针对实际情况采取多种教学方法（运用启发式、因材施教、必要的教具等）	◇	◇	◇	◇
5	一般学生能力（指导学习方法，训练实践能力，开阔视野，拓宽思路，提供参考书目等）	◇	◇	◇	◇
6	教学态度（治学严谨，既热情耐心，又严格要求，抓好课堂纪律等）	◇	◇	◇	◇
7	教师的模范作用（包括政治态度、思想作风、遵守纪律、仪表等）	◇	◇	◇	◇
其他贡献					
意见建议					

（三）教师节自我评价

教师对自己的教学效果评价具有一定的局限性。梅涅尔（Mcneil）研究指出：老师不可能在自我评价的基础上改进自己的教学技能。他举例说，教师在观看自己的教学录像片时，他们很难发现自己的教学弱点和缺点。不仅如此，他们对自己的评价缺乏客观性，常常会高估自己的教学能力。然而，对他人的教学效果评价，通常是低估的。

表 4-6 是老师教学质量自我评价示例表。

表 4-6　教师教学质量自我评估意见表（示例）

	项　目	优	良	中	差
1	教学总体情况和执行教学大纲的情况	◇	◇	◇	◇
2	教学文件（教学日历、教案、指导书等，凡应有的文件缺一种降一级）	◇	◇	◇	◇
3	熟练程度和表达能力	◇	◇	◇	◇
4	教学方法	◇	◇	◇	◇
5	答疑、批改作业	◇	◇	◇	◇
6	培养学生能力	◇	◇	◇	◇
7	教学态度（治学严谨，既热情耐心，又严格要求，抓好课堂纪律等）				
8	教师的模范作用（包括政治态度、思想作风、遵守纪律、仪表等）	◇	◇	◇	◇
9	关心学生思想，深入班级	◇	◇	◇	◇
10	主讲教师与辅导教师，有关教师之间的配合情况	◇	◇	◇	◇
其他贡献					
意见建议					

（四）教育行政部门对教师的教学效果评价

教育行政部门对教师的评价，是比较常用的一种手段。因为这种评价要对教师的教学能力和教学水平做出正式的判断，而且评价结果与教师的提职和提薪有直接的关系。因此，其重要性决定了这种评价应该全面地、客观地、多种形式地进行。但是，目前来说，这方面的评价制度尚未完善。其主要原因是评价的工作量太大，不可能对教师进行逐个的、长期的、全面的跟踪测评。就目前常常采用的抽样检查，或在公开课上进行评价来说，若操作不严密，就很难就一、两次课的情况对教师的实际教学能力做出准确的鉴定。除此之外，教育行政部门选择的评价内容与教师的教学能力因素可能会有所区别，而且不同课程的评价标准也难以均衡掌握。总的来说，教育行政部门的评价一般趋于宽松。

第三节　体育教学大纲和课程设置的测量与评价

一、体育大纲的评价

体育教学大纲是根据体育教育计划以纲要的形式规定有关课程内容的指导性文件，它明确规定了目的、任务、内容范围、体系及教学进度。

对教学大纲的评价有多种形式。最传统的形式是将预定的教学任务与实际完成的教学任务做比较。若以终末评价来检查教学大纲，则可以对教学大纲的合理性做一个总体评价；若结合形成期评价来检查教学大纲，则可以动态地评价教学大纲。可见，对教学大纲的评价有两个方面的意义：（1）改善大纲，（2）改进教学。

当然，教学大纲一旦获得教育行政部门和教师的认可，就被主要用作一种依据来检查和改进教学。如教师根据教学大纲的规定，想方设法运用各种合理有效的教学手段和方法来完成拟定的教学任务，通常是在教学过程中，用测量—评价—反馈的方法，调整和控制教学的进程和教学任务（目标）。但是，如果老师的教学与教学大纲任务发生偏离，可能有两种原因：

（1）教师教学的问题。（2）大纲的内容、任务与学生实际情况不相符合。显然，如果原因是属于后者，就应酌情调整教学时间、教学进度、教学要求，甚至应该修改教学大纲。

对教学大纲的合理性判定，即评价教学大纲应考虑下列问题：

（1）教学大纲规定的目的、任务、内容是否与教育目的、培养目标以及学校的培养任务相适应。

（2）教学大纲的内容、体系、学时等与教育目的、任务及课程特点是否相一致。

（3）教学进度的内容排列是否符合教学原则和课程内容特点。

（4）教学大纲的任务与实际完成的教学任务是否相符合。

二、体育课程设置的评价

在教育史上，在课程理论的发展中，第一次明确把教育目标确定为课程编排依据的当推泰勒，根据泰勒的观点，课程的设置必须以教育目标为依据，围绕教育目标以保证教育目标的实现。因此，对课程设置的评价，即是评价课程设置的有效性，也是衡量所开的课程是否全面反映教育目标和学校的培养任务的手段。

评价课程设置的第一种方法是，通过考察毕业生的实际工作情况，来间接反映学生在校期间所学课程的效果（即课程设置的有效性）。这种评价对课程设置的改善具有较大的反馈意义。因为，毕业生能根据自身的工作需要和体会，去认识和估计自己应具备什么样的知识结构，才能较好地完成当前或将来的教学和科研工作。这种评价法能较客观地为改善课程设置提供依据。

评价课程设置的第二种方法是，检查"教育目标"这一概念的操作化结果的合理性。即教育目标具体包括哪些子目标，每个子目标该由什么具体的课程去实现，各门课程之间的关系如何，各门课程开课的次序，整个课程设置是否保证了教育过程的系统性、逻辑性和各门课程之间的密切关系，是否体现了主次课程的合理搭配，先开的课程是否为后开的课程奠定基础等等。

【思考与练习】

1. 简述什么是难度。
2. 简述什么是区分度。
3. 简述不同类型的评价者对教师教学效果评价的特点。
4. 就表5-4，请学生对该学期几门学科课程的教学质量进行评价。

第五章　样本特征数、正态分布和检验假设

第一节　样本特征数

一、样本特征数

定义：即描述样本特征的指标。主要分为集中量数和离中量数。

（一）集中量数（central tendency）

（1）众数（mode）：样本中出现频率最多的数。

（2）中（位）数（median）：样本中的数据从小到大排列，处于中间位置的数。

（3）四分位数（quartile）：中位数的中位数。

（4）（算数）平均数（mean）。

（二）离中量数（variability）

定义：反映样本离散趋势的指标。

（1）（两）极差（range）：最大值（max）– 最小值（min）。

（2）离差、离差和、｜离差｜和。

（3）平均数：样本中，每个数到平均数的平均差距。

（4）方差（variance）= S^2 =（离差和）2/n

（5）标准差（standard deviation）= S。

（6）变异系数（cv%）= $S\sqrt{X}$ *100%。

（三）标准差与标准误（虽然两者都是反映离散程度的指标）

（1）从意义上讲，标准差随样本量的增大而趋于稳定。而标准误则不

同，随着样本含量的增加而减少。

（2）从描述的对象来看，标准差是描述变量的实数值变异的大小，即观测值系列的离散程度。而标准误是描述样本统计量的抽样误差的大小，即样本统计量的离散程度。标准误越小，说明用样本量估计总体参数的可靠性大。

（3）从用途上来说，标准差是用来以判断某一个随机变量值是否在正常范围内（$\mu \pm 2\sigma$）。而标准误则用来估计参数所在的范围。

（四）平均数与标准差（$\bar{X} \pm S$）的应用

（1）比较：不同群体比较，不同个体比较。

（2）战术上。

（3）数据的审查（数据信度检验）。

（4）指标的选择（指标效度检验）。

（5）动态变化趋势。

表 5-1　两个群体身高的变异系数（cv%）

	6岁	7岁	8岁	9岁	10	11	12	13	14	15	16	17	18
A	2.3	2.5	2.6	3.2	3.8	4.1	9.6	13.5	12.1	9.3	3.8	2.6	2.6
B	2.4	2.5	3.8	4.8	5.7	14.2	13.1	5.6	4.3	3.7	2.5	2.5	2.5

【例 5-1】　A 班 46 人的跳远成绩平均数 = 4.5 米，B 班 41 人的平均数 = 4.6 米，你能很好地分析 A、B 两个班跳远的情况吗？还需要增加哪些指标才能更详细了解 A、B 两个班跳远的情况？

【例 5-2】　把你所在班或年级学生的某项成绩绘成两维图形，横坐标为成绩，纵坐标为人数，完成后看看，这个折线图有什么特点？

【例 5-3】　英语水平考试中，平均数 = 500 分，标准差 = 70 分，某同学考了 430 分，该考生的水平如何？

第二节　正态分布

一、正态分布的性质：X～N（μ，σ）

（1）曲线与横轴之间的面积（概率为 1 或 100%）。

（2）钟形曲线，左右对称。

（3）μ±1σ：68.26%；μ±2σ：95.44%；μ±3σ：99.73%。

二、标准正态

标准正态：u～N（0，1）。

三、正态分布的作用

（1）估计概率和频数。

【例 5-4】（1）大于 3S；（2）1S 至 -2S；（3）2S 至 3S；（4）小于 -1S

（2）估计正常值区间。

【例 5-5】　立定跳远 2.5 米 ± 0.1 米，正常值区间？

（3）制定考核标准。

【例 5-6】　某项目成绩成正态分布，均值 = 2.5 米，S = 0.15，如果规定优、良、中、下、差各占 10%、20%、40%、20%、10%，计算各等级具体标准。

四、几种典型的非正态分布

（1）正偏态分布（positively skewed curve）。

（差多好少，mode, median, mean）：μ±1σ_____68.26%；

（2）负偏态分布　（negatively skewed curve）。

（好多差少，mean, median, mode）：μ±1σ_____68.26%；

（3）平态分布：μ±1σ_____68.26%。

（4）尖态分布：μ±1σ_____68.26%。

五、参数估计

1. 总体平均数的区间估计

（1）总体方差（σ^2）已知，$\sigma_X = \sigma / N0.5$。

$\bar{X} - 1.96\sigma_X \leqslant \mu \leqslant \bar{X} + 1.96\sigma_X$（总体均值 95% 的置信区间）

（2）总体方差未知，$S_{\bar{X}} = S / n0.5$。

$\bar{X} - 2.58S_X \leqslant \mu \leqslant \bar{X} + 2.58S_X$

2. 总体比例数的区间估计（略）

【思考与练习】

1. 举出生活、学习和训练中关于标准差的有趣的例子。

2. A、B 两个班各 45 人、51 人，语文考试成绩平均数均为 75 分，你如何分析这两个班的情况？

3. 外语水平考试中，均数为 500 分，标准差为 70 分，430 分的水平如何？少于 430 分的人数占所有考试人数的百分比是多少？

第三节　假设检验的意义及基本思路

一、假设检验的意义

（1）抽样误差（或随机误差）造成。抽样误差造成的误差是不可避免的，但样本仍来自同质总体，所以这种差异没有本质的差别。（随机因素—随机误差）

（2）由实验因素或观察条件的改变而造成，所以叫条件误差（可控因素—控制变量）。此时样本可能来自不同质的总体，其差别是本质性的差别。

二、基本思想

（一）原理

小概率事件原理。带有概率性质的反证法，即"小概率事件在一次观察中实际上不可能发生"的统计原理。 即两个均数的差异发生概率小于 5%，则认为这两个均数没有差异（或差异可以忽略不计）。

（二）假设

（1）无效假设 H_0（或零假设）：即不存在差别的假设，或差异由抽样误差（或随机误差）造成。

（2）备择假设：无效假设的对立面。

（三）三种结果

（1）差异无显著性意义：经检验，在 $\alpha = 0.05$ 水平接受无效假设 H_0；

（2）差异有显著性意义：经检验，在 $\alpha = 0.05$ 水平拒绝无效假设 H_0；

（3）差异有非常显著性意义：经检验，在 $\alpha = 0.01$ 水平拒绝无效假设 H_0。

三、假设检验中的两类错误

通常把犯第 I 类错误（弃真）的概率记作 α，把犯第 II 类错误（取伪）的概率记作 β。如表 3-1 所示。

表 5-2 假设检验中的两类错误

		假设 H0 的可能状态	
		真	非真
检查	不否定	对	错（II）
结果	否定	错（I）	对

在样本含量不变的情况下，减小 α 将引起 β 的增大，减小 β 将引起 α 的增大。同时减小两类错误的唯一途径是增加样本含量。

【例 5-7】 随机抽取四川省某校教师 100 名，其年收入均值为 8.25

万元，标准差 $S = 1.3$ 万元，问与广东省全体教师均值 7.65 万元相比，是否存在显著性差异。

【例 5-8】 成都体院专业学位研究生男性（n1，均数 $1 \pm S1$）与女性（n2，均数 $2 \pm S2$）在学习成绩（或学习态度）上是否存在显著性差异。

【例 5-9】 某群体（n1）通过心理暗示训练 3 个月，其自信心（可量化测得）方面是否有显著性变化。

第四节　假设检验的基本方法及步骤

一、单侧检验和双侧检验

是把 $\bar{X}$ 的临界值 X_1、X_2 分配在 μ_0 的两侧。由于要求（X_1，X_2）间的概率是置信度 $1-\alpha$，这相当于把 α 分配在 H 分布两侧的尾部，每一侧占 α 的 1/2。"双侧检验"这个名称就是这样来的。双侧检验：只检验两个参数（即两个均数）是否相等，而不关心差别的方向。即只关心 $\mu_1 = \mu_2$ 还是 $\mu_1 \neq \mu_2$。

二、假设检验的一般步骤

（1）建立无效假设 H_0；
（2）选择检验统计量；
（3）选定显著性水平 α；
（4）计算检验统计量；
（5）做出统计决策；

第五节　假设检验的实际应用

一、简单列表格式

如下表：

表 5-3　简单格式 1

A 组（n1 = ?）	B 组（n2 = ?）	差值 t	P 值
$\bar{X}_1 \pm S_1$	$\bar{X}a \pm Sa$	t1a	P < 0.05

说明：

表 5-4　简单格式 2

对照组（n1 = ?）	实验组（n2 = ?）	差值 t	P 值
$\bar{X}_1 \pm S_1$	$\bar{X}_2 \pm Sa$	t1$_2$	0.25

说明：

表 5-5　简单格式 3

实验前（n）	实验后（n）	差值 t
$\bar{X}_1 \pm S_1$	$\bar{X}_2 \pm S_2$	t12**

注：*代表 P<0.05，** P<0.01。下表同。

说明：

提示：（1）三线表（只有横线，没有竖线、斜线）。

　　　（2）表中数据要齐全，缺一不可。

【例 5-10】　说明下面的情况

表 5-6　各组实验前后成绩比较表

人数 n	前测成绩	后测成绩	差值 t
B1 组	16	23.85 ± 5.00	28.75 ± 5.23	− 14.88**
B2 组	16	12.94 ± 3.19	24.81 ± 3.31	− 26.08**
B3 组	16	18.56 ± 4.32	30.94 ± 4.82	− 19.59**

说明：

表 5-7　某市城乡 3-6 岁幼儿体质指标比较

项　目	5 岁（女）		P	6 岁（女）		P
	农村（n = 62）	城市（n = 70）		农村（n = 62）	城市（n = 70）	
安静脉搏（次/min）	104.00 ± 12.00	107.00 ± 10.00	>0.05	100.00 ± 7.00	104.00 ± 9.00	>0.05
身高（cm）	109.34 ± 4.69	113.70 ± 4.04	<0.05	115.31 ± 5.89	117.15 ± 4.99	>0.05
体质量（kg）	18.20 ± 1.95	19.46 ± 2.39	<0.05	19.04 ± 2.33	21.91 ± 3.07	<0.05
坐高（cm）	61.29 ± 2.62	62.82 ± 2.35	>0.05	63.93 ± 2.98	4.18 ± 2.83	>0.05
胸围（cm）	50.90 ± 2.43	51.72 ± 2.53	>0.05	52.22 ± 2.66	53.59 ± 3.57	>0.05
上臂皮褶厚（cm）	9.82 ± 1.47	9.78 ± 2.23	>0.05	9.45 ± 1.91	10.20 ± 2.56	>0.05
肩部皮褶厚（cm）	5.89 ± 1.12	6.24 ± 1.55	>0.05	5.96 ± 1.31	7.02 ± 2.26	>0.05
腹部皮褶厚（cm）	6.35 ± 1.51	7.05 ± 1.95	>0.05	6.44 ± 1.70	8.15 ± 3.24	<0.05
立定跳远（cm）	72.93 ± 16.98	77.29 ± 11.41	>0.05	87.79 ± 15.00	88.66 ± 11.90	>0.05
网球掷远（m）	5.15 ± 1.48	4.46 ± 1.37	>0.05	6.28 ± 2.39	5.40 ± 1.40	>0.05
坐位体前屈（cm）	10.67 ± 4.72	14.40 ± 3.89	<0.05	10.75 ± 3.69	13.42 ± 3.94	<0.05
10m 折返跑（s）	7.92 ± 0.66	7.49 ± 0.70	>0.05	7.53 ± 1.16	7.36 ± 0.68	>0.05
走平衡木时间（s）	5.62 ± 2.92	9.84 ± 9.12	>0.05	5.37 ± 3.21	7.02 ± 3.17	>0.05
双脚连续跳（s）	7.55 ± 1.58	7.68 ± 2.14	>0.05	6.74 ± 1.99	7.22 ± 1.46	>0.05

说明：

表 5-8　某市 6 岁幼儿各项体质指标与全国的均值

指标	城男		乡男		城女		乡女	
	差值	t 值	差值	t 值	差值	t 值	差值	t 值
身高（cm）	3.70	5.92**	4.13	6.96**	3.62	5.73**	2.85	5.34**
体质量（kg）	2.28	3.93**	2.12	3.79**	2.05	3.70**	1.73	3.66**
胸围（cm）	1.74	3.10**	2.72	5.96**	1.80	3.29**	1.92	4.88**
肺活量（ml）	107	3.69**	28	1.13	118	4.89**	− 69	2.98**
肺活量/体质量指数	− 0.35	0.29	− 2.84	2.06*	1.17	0.91	− 7.29	6.36**
握力（kg）	1.10	3.76**	− 2.99	24.02**	0.79	3.18**	− 2.53	26.17**
50m 跑（S）	0.23	1.99	0.11	0.79	-0.04	0.50	0.11	0.89
立定跳远（cm）	3.09	1.94	0.46	0.23	0.42	0.31	− 8.13	3.99**
立位体前屈（cm）	2.96	6.96**	− 0.40	0.96	2.56	5.57**	− 0.11	0.23
50m×8 往返跑（s）	− 5.92	4.82**	9.81	5.24**	-6.96	5.04**	6.06	4.52**
注：*P < 0.05，**P < 0.01								

说明：

二、复杂列表格式

如下表:

表 5-9　两组实验前后比较表（复杂格式 1）

	实验前	实验后	差值 t	P 值
对照组（n1）	$\bar{X}1 + S1$	$\bar{X}a + Sa$	t1a	P>0.05
实验组（n2）	$\bar{X}2 + S2$	$\bar{X}b + Sb$	t2b	P<0.01
差值 t	t12	tab		
P 值	P<0.05	P<0.01		

说明:

表 5-10　两组实验前后比较表（复杂格式 2）

	实验前	实验后	差值 t	P 值
对照组（n1）	$\bar{X}1 + S1$	$\bar{X}a + Sa$	t1a	P = 0.02
实验组（n2）	$\bar{X}2 + S2$	$\bar{X}b + Sb$	t2b	P = 0.00
差值 t	t_{12}	t_{ab}		
P 值	P = 0.35	P = 0.002		

说明:

表 5-11　两组实验前后比较表（复杂格式 3）

	实验前	实验后	差值 t
对照组（n1）	$\bar{X}1 + S1$	$\bar{X}a + Sa$	t1a*
实验组（n2）	$\bar{X}2 + S2$	$\bar{X}b + Sb$	t2b**
差值 t	t_{12}	$t_{ab}**$	

注: * 代表 P<0.05, ** P<0.01。下表同。

表 5-12　补充复合微量营养素对儿童安静脉搏的影响

组别	n	安静脉搏（次/min）		
		干预前	干预后	变化值
试验组	83	88±11.88	83±10.07	−4.13±14.90
对照组	80	84±10.9	86±11.2	1.90±14.80
t 值		1.859	−1.581	−2.588
p 值		0.065	0.116	0.011

说明：

表 5-13　补充复合微量营养素对儿童两种运动成绩的影响

组别	立定跳远（cm）				仰卧起坐（次/min）			
	n	干预前	干预后	变化值	n	干预前	干预后	变化值
实验组	83	143±13.1	161±11.7	17.9±11.4	47	27.8±7.3	34.9±6.4	7.130±4.749
对照组	80	145±15.1	156±12.4	10.8±11.1	38	28.0±7.4	33.0±6.2	4.947±2.780
t 值		0.867	2.770	4.056		−0.120	0.254	−2.408
p 值		0.387	0.006	0.000		0.906	0.800	0.018

说明：

【示例 1】

2.6 提高灵敏素质的实验结果分析

2.6.1 实验一：11 种最佳训练手段的验证

在相关分析中从理论上得出了十一种少年女子篮球运动员灵敏素质的最佳训练手段。为了验证这十一种最佳训练手段在实际训练中的效果，分别在 A 市体校和 B 市体校的少年女子乙组篮球队进行了实验。其实验结果见下表。

表 1　两项灵敏素质指标实验前后的对比

组别	N	运球 5.8 米×6 折回跑			双摇跳绳		
		实验前	实验后	实验前后差异	实验前	实验后	实验前后差异
实验组	14	11.34±0.51	10.52±0.48	T=6.24 P<0.01	87.9±16.3	105.2±7.1	T=7.88 P<0.01
对照组	18	11.28±0.56	11.37±0.53	T=0.47 P>0.05	85.7±13.4	84.6±13.2	T=1.08 P>0.05
两组差异		T=0.32 P>0.05		T=6.34 P<0.01	T=0.29 P>0.05		T=8.2 P<0.01

实验前，我们对两体校的少年女子乙组篮球运动员进行了两项灵敏指标（运球 5.8 m×6 折回跑和双摇跳绳）的测试。检验结果显示丙体校运动员的灵敏水平相当（见表 1）。在实验过程中，实验组以 11 种最佳训练手段进行训练，B 组则以另外 14 种非最佳手段进行训练，一个月后发现，实验组的两项灵敏指标的测试结果发生显著变化，而对照组的变化则不明显（见上表）。说明，与 14 种非最佳训练手段相比，这 11 种最佳训练手段确实具有全面提高灵敏素质的价值，在训练中具有实际意义。

2.6.2 实验二：以模糊数学方法指导训练的可行性的实验验证

以某市女篮作为实验对象，把 18 名队员分成灵敏水平相当的两组，每组分别为 9 人，进行配对实验，实验组按照模糊数学原理选择、搭配训练手段，考虑队员的实际灵敏水平，确定训练的目的任务，对选择的训练手段进行比例分配。而对照组的训练按常规进行，不加控制。一个月后其实验结果见下表。

表 2　两项灵敏素质指标在实验前后的比较

组别	N	运球 5.8 米×6 折回跑			双摇跳绳		
		实验前	实验后	实验前后差异	实验前	实验后	实验前后差异
实验组	9	11.37±0.55	10.78±0.61	T=6.74 P<0.01	86.2±4.5	107.7±9.4	T=7.93 P<0.01
对照组	9	11.41±0.54	11.33±0.52	T=1.52 P>0.05	84.8±12.6	86.1±10.6	T=0.94 P>0.05
两组差异		T=0.27 P>0.05		T=6.28 P<0.01	T=1.01 P>0.05		T=11.4 P<0.01

可以看到，实验组经过一个月训练后的两项灵敏素质指标的测试结果

与实验前的差异显著，而对照组在实验前后的结果却无显著差异。说明模糊数学方法不但在理论上可以指导训练，而且在实际指导训练中也具有可行性。它的应用改变了教练员凭经验、凭感觉的训练方法，并根据队员灵敏水平的反馈针对地选择训练手段，有助于因人而异地制定最佳训练方案，准确地、量化地控制训练，更好地促进体育控制论在训练中的应用。

【示例 2】

显性体育素质训练课对体育专业学生学业成绩影响的实验研究

【摘要】通过两年的实验，对所得数据用 T 检验、P 检验和多元回归及相关分析，其结果表明：系统的显性身体素质训练课程对提高学生的专项成绩有良好的促进作用，其效果非常显著；采用逐步回归分析的方法，以 8 项身体素质为影响因素（自变量 X），以四项技术的平均得分为因变量 Y，对影响 Y 的主要因素进行分析，因变量 Y 与自变量 X 的回归方程为 $Y = 48.07 + 0.914X_1 + 0.636X_2 + 0.367X_3 + 0.547X_4$。四个指标的标准回归系数为正值，与 Y 成正相关关系。$P = 0.000 < 0.01$，方程具有非常显著性的意义。

【关键词】身体素质，多元回归，相关分析

大学生体育专业学生综合身体素质的好坏直接影响着我国体育事业的正常发展。所以，要培养大批合格的适应现代素质教育的体育师资，高校体育专业教学改革必须进一步深入和完善。由于近年来高校扩大招生和中学生体质下降等因素，造成体育专业学生文化课成绩较好，身体素质与运动基本能力较差的现象，导致专业课教学任务不能顺利完成，学生不能全面地掌握体育基本技术和技能。这不但影响教学质量，也直接影响专业思想稳定和毕业后成功进行全面素质教育的问题。

目前，我国各大高校体育专业的学生在进入大学之后的第二年就会开始进行专业选修的学习，各教学系部根据学生所选专项有针对性地进行教学和训练。但调查中发现，很少有高校对体育专业的学生开设有专门的身体素质训练课，大都是跟随专业课一同进行。而由于体育专业课程内容设置的诸多原因和学生本身的主观因素，素质训练的时间大都被占用或多用于专业技能的学习，这与体育专业学生综合身体素质的提高存在矛盾。一是学生在高中阶段由于只为升学，训练时间短，综合身体训练本身较差，进入体育专业以后，身体素质不但没有提高，有些反而有所下降。二是进入专项学习以后，教师只针对专项进行教学和训练，不能提高综合身体素质，对学生体育学科的整体学习造成了一定的影响。为了彰显大学体育专业显性身体素质训练课的重要性，特以四川民族学院体育专业的学生为研究对象，进行了一系列的调查研究和分析。

2 实验研究

2.1 研究对象

随机抽取四川民族学院2009—2010学年9月至12月排球普修班学生共40人，皆为男生，其中实验组20人，对照组20人。

2.2 研究方法

2.2.1 文献资料法：查阅与本研究有关的文献，对本研究有关的文献资料进行检索、分析和利用。

2.2.2 数理统计法：对实验所得数据利用计算机 SPSS17.0 进行数据统计，对数据进行方差分析，通过 T 检验和 P 检验分析实验组与对照组之间的差异，并进行多元回归分析和相关分析。

2.2.3 对比实验法：实验的时间是从2010年9月至2012年7月，实验组和对照组在除了身体素质课之外的课程安排、授课教师、教学时间上都尽力保持一致。

实验指标的选择与评分方法：

a. 身体素质：立定跳远；100米跑；俯卧撑。

b. 排球基本技术：垫球、传球、发球、扣球。采用本部门制定的排球考试标准和评分方法。

2.2.4 逻辑分析法：根据研究需要对研究对象采用逻辑对比的研究方法，并对所涉及的指标进行了对比。

3 实验结果与分析

身体素质是机体各器官系统在肌肉活动中所表现出来的机能能力，包括力量、速度、耐力、灵敏、柔韧等五个方面，是体质的基本要素，是人体进行各项活动的基础，只有不断加强自身各项身体素质训练，才能不断提高自己的专项运动成绩。这五项身体素质并不是相互孤立存在和发展的，任何一项素质发展的同时，都会对其他素质产生影响，使其他素质或多或少，直接或间接地发生着变化。显性身体素质训练课程是有专门教学大纲计划并计 1 个学分的一门单独的必修课程，每两周一次课（90 分钟），专科 2 年半，本科 3 年，以身体素质综合训练为主要内容。

3.1 实验前两组身体素质对比研究

在实验开始之前对实验组和对照组的学生进行体能测试，测定目的是检验两组的实验基础水平是否相当，测试项目包括立定跳远、100 米跑、俯卧撑。检验结果 P 值均大于 0.05，无显著性差异。说明在实验前，实验组和对照组的身体素质处于同一水平，如表1。

表 1　实验前实验组和对照组学生身体素质比较表（M±SD）

项目	实验组	对照组	P 值
立定跳远（m）	2.52±1.17	2.55±1.16	> 0.05
100 米跑（s）	12.46±0.15	12.68±0.14	> 0.05
铅球	9.87±0.23	9.98±0.19	> 0.05

3.2 实验前排球基本素质比较研究

在实验前对学生的排球基本技术做比较测试，考核方式为两人一组进行传球和垫球的测试，传垫球各 20 个回合，教师对学生技术进行测评打分；扣球和发球每人 20 次，教师对学生技术进行测评打分，测试结果如表2。

表 2　实验前对照组和实验组学生基本技术测试比较表（M±SD）

项目	实验组	对照组	P 值
传球技评	48.6±6.52	51.0±5.32	> 0.05
垫球技评	50.21±4.23	48.65±4.15	> 0.05
扣球技评	49.5±1.56	51.8±1.39	> 0.05
发球技评	43.52±6.23	45.32±5.10	> 0.05

经过测试，实验组和对照组在排球的各项技术测评中 P 值均大于 0.05，没有显著性差异，说明实验前两组的排球技术能力在同一水平上。

在实验教学过程中，实验组和对照组的排球课程安排一致，而且由同一个教师进行教学，最大限度地减小由教学进度、手段和方法等所造成的差异程度，使实验更具科学性和可比性。所不同的是对实验组进行系统的显性身体素质课的教学，而对照组不进行显性身体素质课程的教学和训练，只是按教学计划随堂进行一般身体训练。对两组进行两个学年的教学，在第一学年的上半学期完成各项基本技术教学后，此后每半学年进行两次技术测评和相关身体素质的测试并记录成绩。将两组最后一次的技术测评成绩进行对比得到表3。

表3　实验后对照组和实验组学生基本技术测试比较（M±SD）

项目	实验组	对照组	P 值
传球技评	94.36±2.32	90.12±2.14	< 0.05
垫球技评	92.5±3.21	90.6±3.4	< 0.05
扣球技评	89.4±2.42	86.6±2.2	< 0.01
发球技评	92±2.36	89±2.54	< 0.01

由表1和表2可知，在实验开始前对照组和实验组的学生在身体素质和排球基本技术方面无明显的差异。这就保证了实验的可靠性。

从表2和表3对比中可以得到在经过了两个学年的教学后，两组学生在传球和垫球技术测评中 $P < 0.05$，有显著性差异，而在发球和扣球的对比中 $P < 0.01$，具有非常显著性的差异。由于两组学生的课程安排相同，授课教师也基本相同，两组最大的不同就是给实验组安排了专门的系统的显性身体素质课程，而对照组只是随堂进行一些一般身体素质练习。这说明专门的系统的显性身体素质训练课程对提高学生的专项成绩有良好的促进作用。

显性身体素质训练课程，教师可以根据相关的运动训练的理论知识合理的安排各项身体素质训练。同时，通过长时间的系统训练，一是使学生养成了良好的学习和训练习惯，二是教师可以从长远出发，制定科学、合理的教学或训练计划，从而更加深层次的发掘学生的潜能，使学生的综合身体素质得到进一步提高，轻松完成体育学科成绩，为今后走上工作岗位指导人们进行科学的身体素质训练，增强人民体质打下良好基础[6, 7]。

3.3 身体素质与排球技能关系分析

通过两组成绩对比，可以看出显性身体素质训练课程的重要性，那么相关的身体素质与专项技术之间的关系如何？文章选取俯卧撑、V字两头起、30 S跳绳、体前屈、引体向上、1 500 m跑、负重深蹲、蛙跳八项身体素质进行测量，以发球、扣球、垫球、传球四项技术的平均得分为总分数。

采用逐步回归分析的方法，以8项身体素质为影响因素（自变量X），以四项技术的平均得分为因变量Y。对影响Y的主要因素进行分析，以找出各项身体素质与专项技能之间的关系。

复相关系数代表X与Y的相关程度，它越接近1，说明两者相关程度越高。经过逐步回归后剩余的自变量X的复相关系数 $R = 0.99$，判别系数 $R2 = 0.980$，由表4可得 $P < 0.01$ 说明方程具有非常显著的意义。

表4　方差分析表

Model	Sum Of Squares	df	Mean Square	F	P
Regression	994.86	3	331.62	1348.56	0.000
Residual	3.93	16	0.25		
Total	998.79	19			

表5　逐步回归系数检验

是否保留	自变量	B	T	P
保留指标	常数	48.07	21.31	0.000
	V字两头起 X1	0.914	15.68	0.000
	引体向上 X2	0.636	13.20	0.000
	蛙跳 X3	0.367	9.76	0.018
	负重深蹲 X4	0.547	5.74	0.025
被剔除的指标	30s跳绳 X5	0.125	0.355	0.716
	俯卧撑 X6	0.05	0.628	0.653
	1500m跑 X7	-0.021	3.26	0.137
	体前屈 X8	0.24	-4.249	0.431

从表 5 回归系数检验中可得得分能力 Y 从 8 个指标中剔除了 4 个指标，可得到因变量 Y 与自变量 X 的回归方程为 $Y = 48.07 + 0.914X_1 + 0.636X_2 + 0.367X_3 + 0.547X_4$。标准回归系数越大，其影响作用越大，因此影响得分能力的指标依次为 V 字两头起、引体向上、负重深蹲、蛙跳。而且四个指标的标准回归系数为正值，与 Y 成正相关关系。几种训练手段对综合身体素质的提高具有促进作用，在方程中得到了证实。

在 8 项指标中虽然 30 s 跳绳、俯卧撑、1 500 m 跑和体前屈被剔除，但这并不说明他们与专项技能没有关联。一是 1 500 m 跑从数字看，数字越小，成绩越好，在计算机统计时会出现相反结果；二是它只是与多元方程的构架存在差异，通过对这四项进行相关分析，结果如表 6。

表 6　四项身体素质与专项成绩相关分析表

	Y 值	R	p
30 s 跳绳		0.967	0.000
俯卧撑		0.947	0.001
1 500 m 跑		-0.948	0.001
体前屈		0.978	0.000

由表 6 可得，以上四项的 P 值都小于 0.01，说明他们与专项技能之间存在相关关系，其中 1 500 m 跑的 R 值为负值，与 Y 是负相关的关系，这是因为 1 500 m 跑是竞赛项目，所以用时越少，成绩越好。其余三项的 R 值均为正值，说明他们与 Y 呈正相关关系，可以作为学生训练成绩的推测方程。在实际情况下，每个学生的情况是不同的，根据协同论原理，要身体素质协调而全面地发展，就必须根据学生各自的实际身体水平，确定教学、训练目的任务，并在有效的训练周期内，量化控制训练手段的比例分配，因人而异地制定最佳训练计划。

4 结论与建议

（1）实验结果表明，显性身体素质训练课对于提高学生的专项能力具有非常重要的作用。建议通过合理的系统的显性身体素质训练课程，使学生的综合身体素质得到全面提高，让学生养成良好的学习和训练习惯，提高学生体育专业学科水平。

（2）通过实验分析，显性身体素质训练课程远比教师随堂进行一般身体素质训练更有效。第一，具有强制性。它作为一门单独的必修课程，并计1个学分，从而保证了训练时间和效果。第二，具有系统性和有效性。教师根据教学大纲和计划进行长期系统的教学和训练，可以使学生在高中阶段因考学而既不全面又不高的身体素质水平得到进一步提高。建议各学校应该针对性地选择训练手段，有助于因人而异地制定最佳教学和训练方案，准确地、量化地控制训练，更好地促进体育控制论在训练中的应用。

（3）通过回归分析得到回归方程 $Y = 48.07 + 0.914 \times 1 + 0.636 \times 2 + 0.367 \times 3 + 0.547 \times 4$，说明 V 字两头起、引体向上、负重深蹲、蛙跳这四项身体素质训练对排球的专业技能有着正面的促进作用，在作用程度上是依次减弱。而通过相关分析得到 30 s 跳绳、俯卧撑、1 500 m 跑和体前屈虽然没有被纳入方程，但是他们与排球专业技能也呈正相关关系。说明显性身体素质训练课程对体育专业学生学科成绩的学习以及综合身体素质的提高起着十分重要的作用，给体育专业学生开设显性身体素质训练课程很有必要。建议各高校根据各自特点，结合本校实际，有目的、有计划地开设显性身体素质训练课程。

三、差异检验的作用

（1）从实验数据的不同统计处理结果来解释实验结果。

（2）可以看出，统计表面上是两个均数的差异显著性检验，其实还可以起到检查实验设计的作用，更深层次来讲，是一种思维严谨与否的检验。

（3）对数据的信度起到检验作用。

四、差异检验的条件

（1）数据都服从正态分布（或近似正态分布）。

（2）并且要求两组的方差具有齐同性。

（3）如果两组方差不齐，则要进行校正，常用的方法有校正界限值或者校正自由度，其本质是校正界限值。

【思考与练习】

1. 想出 2~3 个可用差异检验（T 检验）的实际案例。

2. 下列实验结果是否符合逻辑，如果符合，请解释结果；如果不符合，请加以修正后再解释结果。

表 5-14　两组实验前后对照表

	对照组（n1）	实验组（n2）	差值 t
实验前	$\bar{X}1 \pm S1$	$\bar{X}a \pm Sa$	t1a**
实验后	$\bar{X}2 \pm S2$	$\bar{X}b \pm Sb$	t2b**
差值 t	T12**	tab**	

3. 下列两个表关于实验前后的部分指标和部分数据，请仔细阅读，得出什么结论？（发表于某体育专业核心期刊真实例子）

表 5-15　运动前实验组和对照组生活质量评分表比较

	实验组	对照组	P 值
躯体功能	74.38 ± 1.99	71.00 ± 1.74	0.213
心理功能	68.88 ± 1.13	69.75 ± 1.39	0.896
社会功能	72.06 ± 0.96	73.58 ± 1.49	0.949
物质生活	68.88 ± 2.56	69.42 ± 4.98	0.736
总分	69.88 ± 1.11	70.42 ± 1.93	0.875

表 5-16　实验前后对照组生活质量评分的比较

	实验前	实验后	P 值
躯体功能	69.26 ± 1.99	70.10 ± 1.74	0.516
心理功能	67.75 ± 1.92	68.75 ± 1.86	0.591
社会功能	67.58 ± 2.01	66.79 ± 1.86	0.648
物质生活	68.42 ± 4.28	69.12 ± 4.18	0.633
总分	69.74 ± 2.41	70.33 ± 1.88	0.771

第六章　方差分析

体育研究工作中，有时会碰到需要对两个以上的总体均数是否存在显著性差异进行检验，如果采用前面介绍的 t 检验，4 个总体均数则需做 $C_4^2 = 6$ 次可能组合的检验。若在 $\alpha = 0.05$ 的显著性水平上检验，则将降低统计结论效度。因此，必须要寻找新的检验方法，这就是方差分析法。

第一节　单因素方差分析

一、单因素方差分析的目的

简单而言，其基本功能就在于它对多组平均数差异的显著性进行检验。与差异检验的思维相通。

表 6-1　五所学校的成绩表

序号	A	B	C	D	E
1	76	78	72	83	73
2	88	81	91	72	84
…	…	…	…	…	…
n	n1	n2	n3	n4	n5

问题：五所学校的成绩是否具有显著性差异？

二、单因素方差分析的逻辑

表6-2 方差分析的逻辑

年级	n	数据（A）	均值	年级	n	数据（B）	均值
一	4	2，3，1，6	3	一	4	2，3，3，4	3
二	4	3，7，1，5	4	二	4	9，8，9，6	8
三	4	2，6，8，4	5	三	4	9，11，10，10	10
组间方差 MSb？				组间方差 MSb？			
组内方差 MSw？				组内方差 MSw？			

$F = MSb/MSw$ 与组间差异的关系：

左边：一、二、三，三个年级各 4 名学生的组间差异（MSb）不大，但组内差异（MSw）较大；右边：一、二、三，三个年级各 4 名学生的组间差异（MSb）很大，但组内差异（MSw）较小；$F = MSb/MSw$ 的值越大，说明不同组（年级）之间的差异越大。

第二节 单因素方差分析的步骤

只有一个观察因素的实验叫单因素实验。对此种实验结果进行方差分析的方法叫单因素方差分析。如下例中的实验对象是同年级、同性别、各项身体发育水平基本相同的学生，随机分为四个组，施以不同的训练方法，这属于单因素（只考虑训练方法因素）实验。

以下例说明计算步骤与过程。

表6-3 实验前后100m成绩差数

编号	一组	二组	三组	四组
1	0.3	0.4	0.2	0.1
2	0.2	0.3	0	0.1

编号	一组	二组	三组	四组
3	0	0.1	0.1	−0.1
4	0.1	0.2	0.4	0.2
5	0.4	0.4	−0.1	−0.1
6	0.2	0.6	0	0.2
7	0.3	0.5	0.1	0
8	0.5	0.2	0.2	0.3
9	0.4	0.3	0	0.2
10	0.3	0.4	−0.1	0.1
11	0.1	0.6	0.1	0.1
12	0	0.3	−0.2	−0.1
13	−0.1	0.5	0.3	0
14	0.4	0.2	0.1	0.2
15	0.5	0.1	0.2	0.1
16	0.3	0.5	0.1	−0.1

为了探讨不同的训练方法对提高 100 m 成绩的效果，先将 64 名初一男生随机分成 4 组，每组 16 人，进行 4 种不同方法的训练，一学期后，用统一测量方法进行测试，得到他们实验前后 100 m 跑成绩的差数，见表 6-1，问不同训练方法的效果是否存在显著性差异？

假设在训练实验中，要考虑因素 A（训练方法）的水平改变对实验是否有影响，根据具体情况，设计 A 的水平为 A_1、A_2、$\cdots A_k$，且实验服从正态分布，经实验获得的原始数据有效。

一、单因素方差分析的基本步骤

第一步：总体检验多组之间是否存在显著性差异（F 检验-方差分析

表）。第二步：如果总体检验没有显著性差异（P>0.05），则没有必要对每两组之间的差异显著性进行检验（即每两组之间肯定无显著性差异）。

如果总体检验存在显著性差异（P<0.05），则有必要对每两组之间的差异显著性进行检验(即两两比较),以确定到底哪两组之间存在显著性差异。

二、单因素方差分析表

表6-4　单因素方差分析表

异源 Source of ariance 值 P	平方和 sum of square	自由度 df	均方 Mean square	F
组间 between groups	SSb	k-1	MSb	MSb/MSw
组内 Within group	SSw	k（n-1）	MSw	
总数　total	SSt	nk-1		

（K 为组数，n 为每个组的人数），F0.01[K-1，K（n-1）为临界值。

（一）完全随机设计的方差分析

为了检验某一因素多种水平间差异的显著性，将从同一总体中随机抽取被试者，再随机地分入各实验组，施以各种不同实验处理之后，用方差分析法对这多个独立样本平均数差异的显著性进行检验，称为完全随机设计的方差分析。

例子（n相等情况下）

表6-5　成绩表

序号	A	B	C	D	E
1	76	78	86	83	73
2	73	81	84	82	74
3	70	81	85	87	78
n	3	3	3	3	3

五个学校中每校抽出 3 名学生，其数学成绩有无显著性差异？

（二）表 6-4 是 ABCD 四个小组的英语单词成绩，组别之间有差异吗？

表 6-6　ABCD 四组的英语单词成绩原始数据

A: 24, 26, 20, 28	C: 30, 28, 32, 30, 26
B: 29, 25, 21, 27, 28, 30	D: 27, 31, 32, 33

表 6-7　英语单词成绩方差分析表

差异来源	平方和（SS）	自由度（df）	均方差（MS）	F
组间差异	95.80	3	31.94	3.69**
组内差异	129.88	15	8.66	
总差异	225.68	18		

表 6-8　四组英语单词成绩的多重比较表（LSD）

	A（25.50）	B（26.67）	C（29.20）
B（26.67）	2.17		
C（29.20）	4.70*	2.53	
D（30.75）	6.25*	4.08*	1.55

【例 6-1】　2000 年至 2008 年间，粤、港、澳三区年体育产业总值是否有显著性差异。

【例 6-2】　四群体各 135 人，一组习惯吃荤，一组习惯吃素，一组不挑食，一组是随机抽取的一般人。问此四个群体的健康状况是否有显著性差异。

【例 6-3】　对某群体进行实验干预 6 年，分别测得每年的数据，问：6 个时期的效果是否有显著性差异。

【例 6-4】　请分析说明下表：

表 6-9　某市男童体质状况

	3 岁	3.5 岁	4 岁	4.5 岁	5 岁	5.5 岁	6 岁
身高（cm）	100.14±3.95	105.61±3.75	107.42±3.89	110.08±4.01	114.15±4.48	117.73±4.96	123.56±3.48
体重（kg）	17.25±1.77	18.21±1.95	19.17±3.04	20.15±3.34	24.56±14.8	30.35±8.88	28.91±1.12
体前屈（cm）	13.09±3.19	13.28±4.07	12.34±3.15	11.79±2.78	10.67±4.1	11.71±6.71	11.21±5.51
网球掷远（m）	4.16±3.01	4.07±0.92	4.51±1.07	4.42±1.07	7.00±1.63	7.93±2.06	8.64±2.43
立定跳远（cm）	46.67±20.29	74.44±34.91	82.25±36.39	83.00±38.53	108.55±10.11	117.73±10.09	123.00±17.06
往返跑（s）	8.01±0.71	7.71±0.72	7.19±0.79	7.21±0.75	6.60±0.65	6.21±0.62	6.17±0.86
连续跳（s）	8.85±2.46	9.59±3.44	7.39±2.07	7.26±1.88	5.45±0.65	5.17±1.09	5.48±1.37
走平衡木（s）	10.10±5.04	11.30±4.69	9.34±3.54	9.88±3.40	4.71±1.94	4.89±4.30	4.37±0.96

【示例 1】

110 m 跨栏跑教学方法的单因素方差分析

【摘要】通过 110 m 跨栏跑的单元教学，施以不同的教学方法，观察学生完成技术动作的情况。并运用单因素方差分析的数理统计方法，经 SAS 软件检验，判定栏间四步技术是普通高校学生 110 m 跨栏跑的合理技术。

【关键词】田径；110 m 跨栏跑；单因素方差分析；栏间四步技术

目前，普通高校"110 m 栏教学基本上都采用栏间三步技术（简称"三步栏"），对其技术和教学的研究与论述，也是按"三步栏"进行的。然而，在跨栏跑教学中，大多数学生跨"三步栏"是很困难的。特别是过渡到标准栏间距时，只有很少一部分学生能够完成全程或半程栏，其中多数学生都出现了"拉大步"现象，从而影响跑速和连贯性，影响了学生的练习兴趣，不利于学生对技术的掌握和身体素质的提高。为此笔者遵循教材要面向大多数的原则，引入了栏间四步技术（简称"四步栏"），同时以完整教学法为主进行教学。

1.1　研究对象

从 99 级报名参加跨栏训练的学生中，选取未经该项专门训练的学生

30 人，教学实验前先测验出每名学生的 110 m 成绩，并随机分成 3 个教学班。甲班采用以完整教学法为主的栏间四步技术教学，并在实验后期（约 1 学期）介绍"三步栏"技术;乙班采用以完整教学法为主的"三步栏"技术教学;丙班采用以分解教学法为主的"三步栏"技术教学。经过 5 周教学后，分别测得每个学生的 110 m 中栏（栏高 0.914 m）成绩，并进行统计分析。

1.2 研究方法

采用文献资料、实验测试和数理统计等研究方法，最后利用 SAS 软件对数理统计结果进行检验。

2 研究结果与分析

2.1 110 m 成绩的方差分析

跨栏运动员的速度素质与跨栏技术对成绩起着决定性的作用。教学实验前 3 个教学班的 110 m 成绩分别为 $X_甲 = 13.3 \pm 0.51$（S），$X_乙 = 13.38 \pm 0.45$（S）$X_丙 = 13.29 \pm 0.49$（S）。把 3 个教学班看作 3 个水平进行单因素方差分析，结果表明 3 个班 110 m 成绩无显著性差异。

2.2 3 个班 110 m 中栏成绩的方差分析

$$L总 = 10802.31 - \frac{568.3^2}{30} = 36.814$$

$$L组间 = \frac{181.3^2 + 191.5^2 + 195.5^2}{30} - \frac{568.3^2}{30} = 10.723$$

$$L组间 = 36.814 - 10.732 = 26.091$$

表 1   110 m 方差分析表

差异来源	自由度	离差平方和	均方差	F	P
组间	2	0.048 7	0.023 45	0.102 647 3	> 0.05
组内	27	6.045	0.237 22		
总	29	6.453 7			

总自由度 = 30 - 1 = 29

组间自由度 = 3 - 1 = 2

组内自由度 $= 30 - 3 = 27$

组间方差 $M_0S_1 = \dfrac{10.723}{2} = 5.3615$

组内方差 $M_0S_2 = \dfrac{26.091}{27} = 0.9663333$

$$F = \frac{M0S1}{M0S2} = \frac{5.3615}{0.9663333} = 5.5482927$$

查 F 值表 $f_1 = 2$ $f_2 = 2$ $F_{0.01} = 5.49$

计算 F 值 $= 5.548 > 5.49$ $P < 0.01$

2.3 统计处理和结果

方差分析结论：3 个班 110 m 中栏成绩的平均数之间有非常显著性的差异。

2.4 平均数差异显著性检验

表 2   110 m 栏方差分析计算表

编号	甲班	乙班	丙班		
1	16.80	17.40	17.60		
2	17.40	17.80	18.40		
3	17.60	18.40	18.80		
4	18.00	18.80	19.50		
5	18.20	18.90	19.50		
6	18.30	19.50	19.80		
7	18.30	19.60	19.90		
8	18.60	19.90	20.40		
9	19.00	19.90	20.60		
10	19.10	21.30	21.00		
$\sum X$	181.30	191.50	195.50	$\sum\sum X = 568.3$	
$\sum X2$	3291.55	3678.93	3831.83	$\sum\sum X2 = 10\ 802.31$	
X	18.13	19.15	19.55	X = 18.943 333	
n	10	10	10	$\sum n = N = 30$	

表3　110m栏方差分析计算值表

差异来源	自由度	离差平方和	均方差	F	P
组间	2	10.723	5.3615	5.548 292 7	< 0.01**
组内	27	26.091	0.966 333 3		
总	29	36.814			

结论：110m 中栏成绩，甲班与乙班差异显著，甲班与丙班差异非常显著，乙班与丙班平均水平差异无显著意义。

3　小结

在实验前，3 个班 110m 成绩平均数之间无显著性差异。经过不同的教法实验后，甲班的 110m 中栏成绩与乙班和丙班相比较分别具有显著性差异和非常显著性差异。说明"四步栏"技术是普通高校学生进行体育锻炼和运动训练的合理技术，应作为普通高校 110m 栏教学的主要手段。乙班和丙班差异虽不显著，但从 110m 中栏成绩的平均数来看乙班优于丙班，说明在课时较少的情况下，对跨栏完整技术的掌握，采用以完整教学法为主的教学优于采用以分解教学法为主的教学。综上所述，普通高校 110m 栏教学应把"四步栏"技术纳入教材，并以完整教学法为主进行教学。

【示例 2】

女生跨栏跑技术的单因素方差分析

【摘要】在女生 100m 跨栏跑的教学中，采用 3 种不同的栏间步教法进行对比实验。其结果经单因素方差分析表明，在女生跨栏跑教学中栏间 3 步与 4 步的混合使用，可以最大限度的发挥学生的身体素质水平并取得较好的达标成绩。

【关键词】混合式栏间步；女生跨栏跑；身体素质水平；单因素方差分析

在女生的跨栏跑（即 100m 跨栏跑）的教学中，重点以学习 3 步栏技术为主，但多数同学的掌握情况不佳，技评往往不能在标准 100m 栏（栏高：85cm，栏间距：8.4m）[1]的条件下完成，只有很少一部分学生能完成全程或半程栏，通常要降低栏高和缩短栏间距，只能在 80 m 栏（栏高：76 cm，栏间距：7.5 m）的条件下完成。这样使得她们已经学会的 3 步栏技术并不能在 100 m 栏的达标测试中得以应用。往往是采用 3 步栏技术造成"跟不上"；采用 5 步栏技术造成"用不完"，在栏间拉大步，凑小步的情况屡见不鲜，她们应有的身体素质水平根本得不到充分的发挥，还影响了跑速和跑的连贯性，挫伤了学生的积极性，100 m 跨栏跑的成绩自然较差.因此，为了遵循教材要面向大多数的原则，在教学中采用了"混合式栏间步技术"的教法，即让学生根据自己的身体素质水平在起跑上第一栏后，先用 3 步栏技术跨 1—5 个栏之后，再用 4 步栏技术跨完全程。教学实验研究表明，这种"混合式栏间步技术"的教法在实际教学中具有一定的可行性。

1 研究对象与方法

1.1 研究对象

师范学院体育系 99 级 3 个班女生，每班 11 人，共 33 人，均为初学者。

1.2 研究方法

1.2.1 实验对照法

为使实验结果具备一定的客观性，有效性，可靠性。我们严格遵循随机抽样的原则，在实验前对 33 名女生进行编号，抽签后再分班，每班 11 人；对不同班级学生的身体素质水平分别进行了单因素方差分析，在检验无显著性差异的前提下，对 3 个班实施了不同方法的教学：①班采用 3 步栏技术进行教学（以下简称 3 步栏教法），达标时只能采用 3 步栏技术。对完成不了的同学可采用 5 步栏技术，但在全程栏中只能采用一种栏间步技术，以利于进行教学实验对比；②班采用 4 步栏技术进行教学（以下简称 4 步栏教法），达标时也只能用 4 步栏技术跨完全程；③班采用 3 步与 4 步混合的栏间步技术进行教学（以下简称混合式栏间步教法），达标时可根据个人身体素质水平来安排跨 3 步栏和 4 步栏的个数。

1.2.2 统计法

将原始数据输入计算机，用 SPSS（9.0）软件进行单因素方差分析。

1.2.3 文献法

查阅有关文献，对实验结果进行分析与讨论。

2 结果与分析

2.1 教学实验前状况

女生跨栏跑成绩的好坏与学生的身体素质水平高低有着密切的联系，尤其表现在速度素质、柔韧素质、爆发力素质等方面，相关指标主要包括：100 m平跑的成绩、纵叉成绩、立定三级跳远以及100 m途中跑的平均步长。所以，我们在实验前首先对不同班级学生的有关身体素质方面的各项指标分别做了单因素方差分析，在检验均无显著性差异的条件下，实施了不同的栏间步教学方法。将3个班的33名女生分别进行100 m平跑、纵叉、立定三级跳远及100 m途中跑平均步长4项指标的测试，所得数据经过统计学处理，求得它们的平均数及标准差如表1所示。

表1　有关身体素质的各项指标测试情况

班级	n	100 m平跑（s）	纵叉（cm）	立定三级跳远（m）	1个周期平均步长（m）
1	11	14.92±0.33	8.68±4.92	6.72±0.13	3.64±0.03
2	11	14.84±0.35	9.13±4.05	6.80±0.11	3.67±0.02
3	11	14.90±0.28	8.81±4.32	6.70±0.12	3.70±0.02

通过对100 m平跑、纵叉、立定三级跳、途中跑平均步长4项指标分别进行单因素方差分析，可以得出：3个不同班级的女生在这4项指标上均无显著性差异（$P>0.01$）（见表2-5）。说明她们在实施不同栏间步教学之前的身体素质水平，即速度素质，柔韧素质，爆发力素质以及100 m跑步长均无显著性差异（$P>0.01$）。

表2　100 m平跑成绩的单因素方差分析

方差来源	离差平方和	自由度	方差	F	$F_{0.01}$	P
组间	0.048 1	2	0.024 0	0.074	5.39	>0.01**
组内	9.65	30	0.322			
总合	9.70	32				

表3 纵叉成绩的单因素方差分析

方差来源	离差平方和	自由度	方差	F	F0.01	P
组间	1.16	2	0.529	0.131	5.39	>0.01**
组内	132.9	30	4.432			
总合	134.1	32				

表4 立定三级跳远成绩的单因素方差分析

方差来源	离差平方和	自由度	方差	F	F0.01	P
组间	0.063 3	2	0.031 7	0.267	5.39	> 0.01**
组内	3.561	30	0.119			
总合	3.625	32				

表5 100 m 途中跑平均步长的单因素方差分析

方差来源	离差平方和	自由度	方差	F	F0.01	P
组间	0.017 5	2	0.008 76	0.383	5.39	>0.01**
组内	0.686	30	0.022 8			
总合	0.704	32				

2.2 教学实验后状况

在历时一学期的不同教学方法实验之后，我们选用了 6 名国家一级田径裁判组成计时组，每 3 人一组，用电子计时表进行 100 m 栏（栏高：84 cm，栏间距：8.5 m）达标测验。由此获得了她们 100 m 跨栏跑的达标成绩。通过专门软件，对平均数，样本含量，数据之和以及平方之和进行了初步统计（见表 6）。

2.2.1 单因素方差分析

通过对以上数据进行单因素方差分析，可以看出：在"3 步栏教法"、"4 步栏教法"及"混合式栏间步教法"这 3 种不同的栏间步教学方法中确实存在非常显著的差异（P<0.01）（见表 7）。即在以上 3 种不同的栏间步

教法中必有两种教法之间存在非常显著的差异，甚至是两两之间都存在显著差异。这就值得我们进行更进一步的研究，从中找出最佳的教学方法。

2.2.2 平均数的多重比较

为了进一步探讨教法之间的差异，尤其是要筛选出最佳的教学方法，我们进行了平均数的多重比较[4].通过查多重比较的 S 表，我们可以得到 S0.01（2，30）＝3.28；S0.05（2，30）＝2.58，进而可以利用 S 检验法公式得到 d0.01＝1.29125，d0.05＝1.01568。这样，结论也就显而易见了（见表 8）。3 步栏教法与混合式栏间步教法之间教学效果的差异具有非常显著的意义，即在实际中混合式栏间步教法比 3 步栏教法更适合于女生跨栏跑的教学，更有助于提高女生跨栏跑的达标成绩，在实践中具有一定的可行性.另外，在 3 步栏教法和 4 步栏教法之间以及 4 步栏教法和混合式栏间步教法之间的教学效果差异也具有显著意义，这说明在教学中 4 步栏教法优于 3 步栏教法；混合式栏间步教法又优于 4 步栏教法.但在 3 种不同的栏间步教法中，最优的还是混合式栏间步教法。

表 6　100 m 跨栏跑成绩计算表（单位：s）

序号	①班	②班	③班	Σ
1	17.0	17.4	16.8	
2	19.8	19.6	17.3	
3	20.3	17.8	17.0	
4	21.4	19.2	17.5	
5	19.5	18.8	17.8	
6	20.2	18.4	18.0	
7	19.6	19.4	18.2	
8	19.8	18.9	18.4	
9	22.1	19.1	18.1	
10	19.6	19.3	17.6	
11	19.7	18.2	17.1	
n	11	11	11	33
X	19.8	18.7	17.6	
Σx	218	206.1	193.8	617.9
Σx2	4376.2	3866.5	3417.2	11659.0

3 讨论

"混合式栏间步"教法之所以能在女生跨栏跑教学中发挥出较大的优势，这主要与其在教学中表现出来的长处紧密相关。具体表现为：

（1）能最大限度的发挥个人身体素质水平。在用混合式栏间步进行100 m 跨栏跑时，学生跨3步栏的个数完全是从自己的身体素质水平出发：素质较好的学生可以多跨几个3步栏，较差的学生可视情况少跨几个3步栏，然后再改用4步栏技术跨完全程。这种混合式栏间步的安排使学生的速度素质、爆发力素质、柔韧素质都发挥到了个人的最佳状态，从根本上克服了传统教学中常出现的"拉大步，凑小步"的缺点，采用混合式栏间步教法已经成为一种必然的趋势[5]。

"拉大步"现象的产生主要是因为学生的身体素质水平不够，没法用3步栏技术跨完全程。前半程比后半程的情况要好一些，刚开始跨栏跑时体力还行，"拉大步"的现象并不十分明显，后半程由于体力不支，"拉大步"的现象越来越明显。因此，我们利用其长处，让学生根据自己的体力情况，在起跑跨完第一栏后，先用3步栏技术跨1—5个栏，以便让学生充分发挥其跨3步栏的最大能力。

表7　100 m 跨栏跑的单因素方差分析

方差来源	离差平方和	自由度	方差	F	F0.01	P
组间	26.62	2	13.31	19.56	5.39	<0.01**
组内	20.41	30	0.68			
总合	47.04	32				

表8　100 m 跨栏跑平均数的多重比较（单位:m）

教学方法	Xi	Xi-	17.6182	Xi-	18.7364
3步栏教法	19.82	2.20**（1.29)	1.08*（1.02）		
4步栏教法	18.73	1.12*（1.02）			
混合式栏间步教法	17.61				

"凑小步"主要是由于学生只学了3步栏技术,还没有掌握4步栏技术。当栏间距过长时,学生很自然就将已学会的3步栏改成5步栏来跑。主要原因是3步栏与5步栏所用的起跨腿和摆动腿都一样,而8.5米的栏间距用5步跨完,确实过于宽松,"凑小步"的现象自然是在所难免。所以,我们在100米跨栏跑的后半程中选择了4步栏技术。这样的做法既照顾了学生的体力,又可最大限度的发挥她们的身体素质水平避免"凑小步"。

（2）能积极提高学生的学习兴趣。女生在学习跨栏跑的过程中,多数同学本身就具有很大的恐惧心理,再加上3步栏技术给她们提出较高的身体素质要求,通常会使她们感到可望而不可即,对跨栏跑的学习缺乏必要的兴趣。而混合式栏间步却从她们身体素质的实际情况出发,真正做到物尽其用,力所能及。让她们真正感受到充分发挥个人潜能的乐趣,自信心与表现力油然而生,很容易激发她们的学习兴趣,使她们积极主动的进行学习,学习效果自然不会差。

（3）能丰富教学内容,提高教学质量,传统的跨栏跑教学只教授3步栏技术,而现在不同:不仅教3步栏技术和4步栏技术,还要将3步栏和4步栏技术结合起来使用,这就使我们的教学内容更加丰富。在多容量教材的刺激下,学生更容易产生强烈的求知欲,这对提高教学质量肯定是有好处的,她们学习的主动性被动员起来了。

（4）能以学生为主体。真正做到因材施教。在素质教育中,我们倡导要以学生为主体,使每个学生都能学有所成。混合式栏间步教法正是迎合了不同学生的不同需求,从她们的实际出发,按照自身的素质条件,拟定不同的栏间步方案。从而改变了以往一刀切的做法,切实以学生为主体,实施区别对待原则,真正做到因材施教。当然,在选择栏间步方案的过程中教师也应对学生的选择做好参谋和向导,并要努力通过一定的教学训练手段来实现其所选择的栏间步方案。

4 小结与建议

（1）在女生跨栏跑教学中,3步栏教法、4步栏教法、混合式栏间步教法之间存在非常显著的差异。3步与4步混合的栏间步教法具有较大的可行性,它的教学效果优于3步栏教法和4步栏教法。

（2）混合式栏间步教法的应用可最大限度的发挥学生的身体素质水平;

较好地激发学生的学习兴趣。以实现丰富教学内容、提高教学质量的目的；真正做到以学生为主体，因材施教。

（3）在用混合式栏间步进行教学时，应注意课时的合理安排。可采用层层深入，步步诱导的方法。先学习3步栏技术，当她们不能跨完全程栏时再引入4步栏技术，并将两种技术结合使用。

（4）教师应全面掌握学生身体素质情况，帮助她们合理化选择，充分发挥教师的主导作用。

（5）教学中还应注重发展学生的身体素质水平，不断努力，提高跨栏跑成绩。

第三节　方差分析的前提条件

一、因素间的交互作用

除了各试验因素有单独作用外，它们不同水平的组合对试验指标产生的作用称为交互作用。比如因素方差分析中，因素 A、B 对试验指标产生的总作用是由每个因素的单独作用和交互作用构成的。例如，若采用单纯传授技术的方法进行铅球教学，学生的平均成绩提高了 62 cm，采用单纯提高素质的方法教学，平均成绩提高了 89 cm，采用以素质为主、技术为辅相结合的教法，平均成绩提高了 132 cm。这就说明了素质、技术两相结合的方法产生了交互作用，同时也表明了只有在提高素质的基础上，传授投掷铅球的技术，才能更有效地提高学生的铅球成绩。

二、方差分析的几个前提件

（1）个体从总体中抽取的随机性。
（2）正态分布（对数转化、开方数转化、倒数转化）。
（3）每个总体的方差都相等，即方差齐性。
（4）不同总体的样本是否相对独立。

条件（1）、（4）可由制定的抽样方案来满足；条件2在许多研究指标中基本满足；如人的身体形态、机能、部分素质指标都是服从正态分布的。关于条件 3，因为方差本身是反映随机性影响大小的统计量，在方差分析中的各个总体的差别，仅是由条件的改变而引起的，它们所受的随机影响基本相同。故而多数情况下，各总体方差是相等的。当然，若有必要，可做方差齐性检验。

第四节　多因素方差分析的概念及类型

一、多因素方差分析的几个概念

（1）"因素"：实验中的自变量。

（2）"水平"：某一因素的不同情况。

（3）"处理"：按照各水平条件进行的重复实验。

（4）交互作用：因素与因素间共同结合对因变量发生作用的的显著性。

【例6-5】　为了比较 3 种教学法是否有显著区别，将75名学生分成 3 组，对每组学生分别进行 A、B、C 三种不同的教学方法。（单因素三水平的三种处理）——单因素实验（其他条件保持一致）

【例6-6】　研究两种教材及三种教学方法对学生学习成绩的影响

因素：因素 A＝教材，因素 B＝教学方法

水平：因素 A 有 2 个水平，因素 B 有 3 个水平。

处理：$2 \times 3 = 6$ 种处理。如表 6-10，表 6-11 所示。

表 6-10　几种处理

B				
B1	B2	B3		
A1	A1B1	A1B2	A1B3	
A	A2	A2B1	A2B2	A2B3

表 6-11 几种处理说明

B 因素				
-----------------------------------边缘平均数				
	B1	b2	b3	
A 因素 a1	*a1b1*	*a1b2*	*a1b3*	A1
a2	*a2b1*	*a2b2*	*a2b3*	A2
边缘平均数		B1	B2	B3

注："斜体字为细格平均数"。

【例 6-7】 2×2×2 代表 3 因素 8 种处理：

第一个 2 表示第一因素（自变量）有 2 个水平。

第二个 2 表示第二因素（自变量）有 2 个水平。

第三个 2 表示第三因素（自变量）有 2 个水平。

表 6-12 几种处理情况

A1				A2			
B1	B2	B1	B2				
C1	C2	C1	C2	C1	C2	C1	C2

二、多因素方差分析的类型

（1）两因素实验设计及其方差分析：

① 完全随机。

② 重复测量。

③ 随机区组。

④ 混合。

（2）三因素实验设计及其方差分析：

① 完全随机。

② 重复测量。

③ 多于两个水平的 3 因素实验设计。

（3）三因素混合实验设计及其方差分析：

① 重复测量一个因素。

② 重复测量两个因素。

（4）拉丁方实验设计。

（5）正交实验设计。

【例 6-8】　完全随机 $2 \times 2 \times 2$ 因素实验设计和方差分析：

假定一个实验要比较两种刺激在一定条件下的可觉察度。其中有两个刺激 A1、A2，在两种噪音背景 B1、B2 中呈现，这两个噪音背景各有 2 种水平 C1、C2。可见有 8 各处理组合，若每组 10 人，则需要 80 名受试者。

表 6-13　多因素分析结果

误差源	df	平方和	均方	F	P	
声音刺激间（A）	1	101.3	101	91.8	<	0.01
噪音背景间（B）	1	22.1	22.1	19.99	<	0.01
噪音强度间（C）	1	64.8	64.8	58.76	<	0.01
交互作用 A×B	1	0.05	0.05	—	—	
A×C	1	16.2	16.2	14.69	<	0.01
B×C	1	3.2	3.2	2.90	—	
A×B×C	1	1.8	1.8	1.632		
组内误差	72	79.4	1.10			

请分析说明：

【例 6-9】　随机 5×5 拉丁方案设计（25 种处理）：

表 6-14　处理方案

	1	2	3	4	5	（1）5 种方案
第一天	B	E	D	C	A	（2）5 名受试者每天进行一种处理
第二天	C	A	B	E	D	（3）共 5 天
第三天	D	B	C	A	E	（4）每天 5 个时间点
第四天	E	C	A	D	B	（5）5 种处理是否有差异？
第五天	A	D	E	B	C	

（1）5×5 = 25 种处理（代替了 5×5×5 = 125 种）。

（2）代表 3 个因素、每个因素 5 个水平（不是两个因素各 5 个水平）。

（3）只考虑主要效应，不考虑交互效应。

（4）可以进行事后比较。

（5）每行（row）为 ABCDE。

（6）每列（column）为 ABCDE。

（7）行数 = 列数。

（8）行数 × 列数 = 处理数。

表 6-15　Test of between – subjects effects

Type 3 sum of squares		df	Mean square	F	sig.
Correcte dmodel	443.2	12	36.9	30	0.034
Intercept	1521.0	1	1521.0	124.3	0.000
处理	420.8	4	105.2	8.7	0.002
钟点	11.2	4	2.8	0.2	0.917
天数	11.2	4	2.8	0.2	0.917
Error	145.8	12	12.15		
Total	2111.0	25			
Cerecte dtotal	589.0	24			

因素实验：$2 \times 2 \times 2 \times 2 \times 2 = 32$ 处理，如果每个处理进行 $n = 10$ 次重复，即每种处理分派 10 名受试者，那么就需要 320 名受试者。

第一种办法: 采用 $n = 1$ 次重复,每种处理只派 1 名受试者做一次观察。这样，2^5 因素实验就只需要 32 名受试者。在 2^5 因素实验中：

（1）主效应 5 个。

（2）两因素交互作用 10 个。

（3）三因素交互作用 10 个。

（4）四因素交互作用 5 个。

（5）五因素交互作用 1 个。

第二种办法： 正交实验设计。

即从全部可能的处理组合中选取一部分处理组合进行实验，希望选出来的部分处理组合，对全部可能的实验结果具有一定的代表性。

正交实验是一种理想的部分实验，实验次数少，代表性强。

可以判断诸因素的主次顺序、因素之间的交互作用是否显著等信息。

经常利用正交表来安排实验。

表 6-16　L9（34）正交表

实验次数	因素 a	因素 b	因素 C	因素 d
1	1	1	1	1
2	1	2	2	2
3	1	3	3	3
4	2	1	2	3
5	2	2	3	1
6	2	3	1	2
7	3	1	3	2
8	3	2	1	3
9	3	3	2	1

注：数字为对应因素的水平数

特点：具有如下正交性：

（1）每一列中各因素的水平数的出现次数相同。即 1、2、3 分别出现 3 次。

（2）对任意 2 列来说，同一行因素的水平数对（成对出现）的次数相等，即其中都有 9 对（1，1）（1，2）（1，3）；（2，1）（2，2）（2，3）；（3，1）（3，2）（3，3）。具有充分的对称性，是代表性强的实验结果。

【思考与练习】

1. T 检验和单因素方差分析的区别和联系？

2. 想象出 2~3 个可以用方差分析进行数据处理的案例。

3. 给下面的处理结果配上一个实际的例子，然后进行分析说明。

表 6—17　方差分析结果

		平方和	自由度	均方	F 值	
成绩	组间	308.29	2	154.15	7.50**
Y	组内	924.28	45	20.54	
	总计	1232.67	47		

表 6—18　多重比较结果

	B1	B2
B2	− 3.94*	
B3	2.19	6.13***

第七章 卡方检验（χ^2检验）、直线相关

在体育实践中，我们经常遇到两个统计量的差异问题。在实际检验过程中，主要的问题是要判定被检验的统计量之间的偏差是由抽样误差造成的，还是由于总体参数不同所造成的，要做出判断就需要对总体先建立某种假设：卡方检验（χ^2检验）或假设检验；变量之间的关系称为相关关系。

第一节 基本思路和处理结果

一、卡方检验（χ^2检验）基本思想

用χ^2（读卡方）作为检验量的假设检验称χ^2检验，该检验所依据的分布称为χ^2分布。常用于对两个或两个以上样本率之间差别的显著性检验。

（一）χ^2分布

设随机变量x_1，x_2，$\cdots x_n$相对独立，并且均属于标准正态分布。则随机变量$X^2 = X_1^2 + X_2^2 + \cdots + X_n^2$；服从参数为$n$的$X^2$分布，$X^2$分布曲线是一条高峰偏向左侧的曲线，$n$越小偏度越大；当$n$足够大时，曲线趋于对称。

为了应用的需要，不同的自由度及不同的显著水平α被制成χ^2表。在应用时，只要确定了自由度及α水平，就可以很简单地查到相对应的χ^2值。

（二）两样本$\chi 2$检验

在体育教学与训练的研究中，对新旧教学方法或不同训练手段的效果

进行比较，是体育教师和教练员非常感兴趣的研究内容，有关这种类型的实验研究结果可采用χ^2检验方法进行处理。在对样本率进行χ^2检验时，常采用表格方式进行处理，这种表格称为$R \times C$联表，R和C分别表示格子的行列数。下面通过实例用$R \times C$联表计算χ^2值。

χ^2检验的基本公式

$$\chi^2 = \sum \frac{(A-T)2}{T}$$ （式7.1）

式中　A为实际发生数，T为理论预计数。

【例7-1】　比较新教学法和原教学法对"达标"的影响。设立实验班和对照班，实验班采用新教学方法，对照班采用原教学方法，经过一学期教学实验后，测试"达标"的人数情况如表7-1所示：

表7-1　实验组、对照组"达标"情况统计表

	达标人数	未达标人数	合计
实验组	169	37	206
对照组	111	98	209
合计	280	135	415

试比较新教学方法和原教学方法对"达标"的影响是否有显著差异？（$\alpha = 0.05$）

1）H_0：$\pi_1 = \pi_2$。

在此假设前提下，两种教学方法应该有相同的总体达标率，其理论预计值为280/415 = 0.675，依据总体达标率0.675，则可分别计算出不同教学方法的理论达标人数。

新教学方法的理论达标人数 = 206 × 0.675 = 139人

新教学方法的理论未达标人数 = 206 – 139 = 67人

原教学方法的理论达标人数 = 209 × 0.675 = 141人

原教学方法的理论未达标人数 = 209 – 141 = 68人

2）计算χ^2值：列$R \times C$联表计算，此例属2行2列联表（见表7-2）。

$$\chi^2 = \sum \frac{(A-T)2}{T} = \frac{(169-139)2}{139} + \frac{(111-141)2}{141} + \frac{(37-67)2}{67} + \frac{(98-68)2}{68}$$

$$= 6.47 + 6.38 + 13.43 + 13.24 = 39.52$$

表7.2　χ^2检验表（括号内为理论人数）

	达标人数 A（T）	未达标人数 A（T）	合计
实验组	169（139）	37（67）	206
对照组	111（141）	98（68）	209
合计	280	135	415

3）查表：$\alpha = 0.05$，2×2联表的自由度的计算式为

$$自由度 = （行-1）（列-1）;$$

故　　　　　　　$n' = （2-1）（2-1） = 1$

查表得：$\chi^2_{0.05}（1） = 3.84$

（1）与单因素方差分析法相同，即差异检验。

（2）不同的是变量不是数量型（定距或定比），而是等级或类别（定类）。

（3）在问卷调查中最常用。

（4）差异值 X2 与单因素方差分析中的 F 值意思相近。

4）比较：$\chi^2 = 39.52 > \chi^2_{0.05}（1） = 3.84$，$P < 0.05$

差异显著，否定原始假设。

结论：在对学生"达标"的影响方面，新教学方法的效果优于原教学方法，故新教学方法有推广价值。

二、处理结果

如例表 7-3：

表 7-3　偏食与视力情况统计表

	视力情况				总计（个）
	近视1（人数）	近视2（人数）	近视3（人数）	正常	
有偏食	44	35	15	39	133
没有偏食	120	104	54	143	421
总计	164	139	69	182	554

不同视力的学生偏食与不偏食的比率基本相似，没有形成显著性差异（X2 = 1.407，P = 0.0965>0.05）；进一步的相关分析表明，二者之间没有显著性的相关关系（C = 0.055，P = 0.642>0.05）。从数据看，大多数同学均不偏食，即无论视力的强弱，学生已经注意到营养饮食的重要性，这对改善视力、保护视力、避免视力继续下降都是有好处的。

表 7-4　教练员对专项训练负荷的自我评价

		过大	很大	较大	适中	偏低
教练员	全体 279	2.5	25.4	26.9	38.4	6.8
	体工队 87	3.4	33.3	39.1	21.8	2.3
	体校 192	2.1	21.9	21.4	45.8	8.9
	省市 28	0.0	32.1	32.1	28.6	7.1
	地市 90	4.4	21.1	18.9	50.0	5.6
	县区 74	0.0	18.9	20.3	47.3	13.5
项群	体能 111	1.8	30.9	21.8	38.2	7.3
	体工队 36	2.9	45.7	28.6	17.1	5.7
	体校 75	1.3	24.0	18.7	48.0	8.0
	技能 170	3.0	21.9	30.2	38.5	6.5
	体工队 53	3.8	25.0	46.2	25.0	0.0
	体校 117	2.6	20.5	23.1	44.4	9.4

从教练员的角度来看，体工队教练与体校教练在专项负荷的控制上有非常显著性的差异（X2 = 23.298**，df = 4，p<0.01），体工队在前三个选项（"过大""很大"和"较大"）的选择率明显高于体校，而体校在后两个选项（"适中"和"偏低"）的选择率远远高于体工队。三个层次的体校之间没有显著性差异（X2 = 13.234，df = 8，p>0.05），且地市和县区体校掌握在"适中"的范围。

从项群角度看，教练在安排专项负荷上不存在项群差异（X2 = 4.264，df = 4，p>0.05），即体能类教练与技能类教练在安排专项负荷上基本一致。但在体能类项目内部，体工队与体校教练之间存在显著差异（X2 = 11.141*，df = 4，p<0.05），表现在前者偏向"很大"负荷，后者偏向"适中"负荷；在技能类项目内部，体工队与体校之间存在非常显著性差异（X2 = 15.321**，df = 4，p<0.01），体现在前者偏向"较大"负荷，后者偏向"适中"负荷。不管是在体能类还是在技能类项目内部，三个层次体校之间无显著性差异（体能类体校之间，X2 = 7.400，df = 8，p>0.05；技能类体校之间 X2 = 11.800，df = 8，p>0.05），都体现在省市体校偏向"较大"，地市和县区体校偏向"适中"（表略）。

可见，表 7-4 的数字，反映了不同层次教练在安排专项负荷上的态度还是很理性的。因为判断专项训练内容比较复杂，所以本研究无法从运动员的角度对教练员在实际训练中安排专项负荷的情况进行比较。

但是，过度的专项化训练是不可取的，特别是在运动员早期训练时期。有研究[①]指出："目前，我国少年儿童的训练盲目地突出专项，忽视全面身体素质训练，为了在省市少年比赛中争夺奖牌，专项负荷上的过快过猛，破坏了多年训练的系统性，违反了儿童少年生长发育规律，虽然专项成绩暂时得到突飞猛进，却为进一步提高埋下了祸根。因为运动员的机能发展遭到了破坏，容易造成伤病，使运动员达到一定水平之后难以继续提高。"

---

① 赵连甲. 少年女子提高运动员早期训练的若干问题[J]. 北京体育大学学报，1997（3）：89

另有研究①在探讨标枪运动员早衰的原因时指出："我国标枪训练大纲规定，基础训练阶段的年专项投掷总量为 9 000～10 000 次，而我国的大多数运动员的实际投掷量在 15 000～20 000 次，个别运动员甚至更高，我国少年运动员的投掷总量与成年运动员的几乎相等"；"目前，我国在训练手段上，基础阶段与高水平训练阶段几乎没有差别，世界著名标枪运动员费尔克和福克斯在 18 岁以前不投掷重器械，而我国少年运动员采用超重器械已经相当普遍"。

　　与专项化训练相对的是全面训练和个性化训练问题，朱建华成功训练的特点就很好地说明了这个问题。在早期训练中，朱建华的全面身体素质是"课课练"，基本技术动作"天天练"似乎没有得到应有的重视，而在高级训练阶段，打破国际上传统的"力量加技术"的训练模式，针对朱建华个人特点——力量弱、速度快，建立了朱建华的个性化训练模式——"以速度为中心"的"速度加技术"模式。

　　在个性化训练的问题上，本次调查显示体工队层次的表现性项目教练和体能类项目教练对个性化训练的重视程度较高（分别排名第四、五位），而对抗性项目教练对其认识不足（仅排名第七、八位）。刘大庆提出的"非衡结构补偿理论"②认为，木桶理论（一个木桶中最短的那根木块决定了木桶的容量）并不适合解释所有运动员的竞技能力结构特点，因而提出了很启发人的非平衡补偿、外源性补偿、放大补偿和辐射补偿，即非平衡补偿——加强优势能力以提高竞技能力总体功能（如体操运动员李月久的技术特点）；外源性补偿——通过后天训练获得的优势能力对其自身某些难以发展因素进行补偿（如乒乓球运动员邓亚萍的技术特点）；辐射补偿——优势能力有效加强构成要素之间的相互联系或带动其他因素水平同时提高（如朱建华的技术特点）；放大补偿——以优势能力高度发展进行补偿（如优秀的心理素质在射击中能起到补偿作用）。正如有关朱建华跳高技术的研

---

① 曲淑华. 中国女子标枪运动员早衰现象的训练学致因分析[J]. 告北京体育大学学报，1996，（4）：70
② 刘大庆.运动员竞技能力非衡结构补偿理论[D]. 北京：北京体育大学，1997.

究[①]所言："在田径、游泳、划船等项目中，许多人都比较重视学习、模仿国外优秀选手的技术，而对于技术改革、个人技术风格的培养却往往认识不足，甚至视其为'野路子'。……其实，符合客观规律的野路子实际上是先进的新路子。"体能项目尤其如此，那么技能项目更应该重视这种创新思维模式。而由此联想到，在运动员早期选育过程就有预见性地保留一些运动员的"野路子"而不是急于抹杀，留待训练中进一步检验，这种思维是与"选材的选育结合理论"相符合的。

第二节　直线相关概述

一般来说，有相关关系的变量不一定是从属的因果关系，很多情况下，变量之间的关系是不清楚谁依从谁，它们的关系往往是比向的。相关分析是指适当的计量来描述两个变量或多个变量之间的相互关系，也就是定量显示变量之间的相关程度的方法。情况是有多种的，故而描述形式也是多样的，常用的是相关系数。

直线相关（也叫线性相关）系数是表示两个变量之间相互关系的定量化描述，用符号 r 表示。

一、概　述

两个现象（或事物）之间的关系有两种，即函数关系和相关关系。

（一）函数关系

（1）特点：确定性的，精确的，一一对应的。

（2）① $S = \pi R^2$（其中 S 与 R 的关系就是函数关系）。

（2）直线路程中 X 与 Y 之间的关系。

---

① 池泰梭.从郑凤荣到朱建华[J]. 体育科研，1998，（2-3）：1.

（二）相关关系（相对于一定的样本含量来说）

（1）定义：指两个变量（或事物）之间关系的密切程度。以相关系数 r 来量化表示，对一定的样本含量来说，｜r｜→0，关系越不密切，｜r｜→1，关系越密切。

② 特点：非确定性的，不精确的，模糊的，非一一对应的。

（3）① 人与人之间的关系。

② 对特定群体来说，身高和体重的关系。

（4）分类：

① 正相关：$0 < r < 1$，一个变量上升或下降，另一个变量随之上升或下降。

② 负相关：$-1 < r < 0$，$X\downarrow$ 或 $\uparrow$，$Y\uparrow$ 或 $\downarrow$。

③ 零相关：$r = 0$，一个变量不随另一个变量的变化而出现规律性的变化。

④ 完全相关：$\vert r \vert = 1$，即上升为"函数关系"。

（5）相关系数 r 的计算。

相关系数的定义公式为：

$$r = \frac{\sum (X - \bar{X}^2)(Y - \bar{Y}^2)}{\sum (X - \bar{X})^2 \sum (Y - \bar{Y})^2} = \frac{L_{xy}}{\sqrt{L_{xx}L_{yy}}} \qquad （式 7.2）$$

其中，L_{xx}、L_{yy} 分别称为变量 x、y 的离均差平方和，L_{xy} 称为变量 x 和 y 的离均差乘积和。

$$L_{xx} = \sum (X - \bar{X})^2 = \sum X^2 - \frac{1}{n}\left(\sum X\right)^2$$

$$L_{yy} = \sum (Y - \bar{Y})^2 = \sum Y^2 - \frac{1}{n}\left(\sum Y\right)^2 \qquad （式 7.3）$$

$$L_{xy} = \sum (X - \bar{X})(Y - \bar{Y}) = \sum xy - \frac{1}{n}\left(\sum X \sum Y\right)$$

其中，n 为样本含量。

【例 7-2】 随机抽测了某中学 10 名男生的 100 米跑和跳远的成绩，

如表 7-5，试求 100 米成绩与跳远成绩的相关系数。

表 7-5　某中学 10 名男生 100 米跑与跳远成绩表

学生编号	1	2	3	4	5	6	7	8	9	10
100 米（s）	12.3	11.7	11.9	12	12.6	12.5	11.7	11.6	11.9	12
跳远（m）	5.62	6.12	6.24	5.66	5.35	5.67	5.88	6.34	5.65	5.9

由（公式 7.3）得：

$L_{xx} = 1.069$　　　$L_{yy} = 0.87596$　　　$L_{xy} = 0.7628$

将其代入公式（7.2）得：$r = -0.7883$

男子 100 米跑成绩与跳远成绩之间相关系数为 $r = -0.7883$，这结果为负相关，即表明：100 米跑的时间越短（变量的值越小），跳远的成绩就越好。

① 积差相关法计算 r。

如果两个变量均是数量型（测量学中称"定距"或"定比"变量）。

如 100 米成绩与跳远成绩的相关系数计算。

积差相关法又称"组间相关"、"简单相关"、"person 相关"，此法是最常用的方法。

② 等级相关法计算 r。

表 7-5 中，如果样本含量较小（如小于 15），而且两个变量都是名次（测量学中称"定序"变量）。如 8 个篮球队的名次排名与他们在比赛中的投篮命中率的名次排名的相关系数计算。

这种方法又称"spearman 相关"。

③ 列联相关法计算 r。

上图中，如果两个变量均是等级（即类别，测量学中为"定类"变量），如某群体的经济收入可分为高、中、低三个等级（类别），运动参与情况可分为经常、一般、有时、从不四个类别（等级），考察经济收入与运动参与的关系时，则可以用此方法。

这种方法又称"contingency 相关"。

（6）相关系数的检验。

① 根据抽样数据计算得出的相关系数，可以通过相关系数的大小、符号，对样本情况进行了解，但是，当用样本相关系数去推断总体指标相关时，由于存在着抽样误差，故必须对相关系数进行假设检验，才能得出结论。

② 如果 $P < 0.05$（或 0.01），说明具有（非常）显著性相关。如果 $P > 0.05$，则说明不具有显著性相关，即没有关系。

【例 7-3】 28 名学生两次立定跳远测验的成绩记录（一次是睁眼睛，一次闭眼睛），如表 7-6 所示：

表 7-6 两次测验数据

	1	2	3	4	5	6	7	8	9	10	11	12
第一次（Xm）	2.13	2.24	2.32	2.22	2.04	2.08	2.11	2.25	2.14	2.18	2.30	2.23
第二次（Ym）	2.15	2.18	2.30	2.25	2.06	2.11	2.15	2.22	2.19	2.12	2.28	2.19
	13	14	15	16	17	18	19	20	21	22	23	24
第一次（Xm）	2.19	2.12	2.23	2.24	2.32	2.12	2.08	2.04	2.21	2.15	2.24	2.22
第二次（Ym）	2.14	2.16	2.25	2.28	2.30	2.15	2.03	2.10	2.25	2.12	2.18	2.18
	25	26	27	28								
第一次（Xm）	2.26	2.20	2.15	2.02								
第二次（Ym）	2.27	2.20	2.15	2.06								

利用社会统计学软件（SPSS11.0）进行计算，具体步骤是：进入 SPSS—定义变量 X、Y—输入数据—点击 analyse—选择 correlation—点击 bivariate—选择 X、Y 入 variable 框—点击 OK—阅读计算结果。

R = 0.887   P<0.01

说明：

【例 7-4】 100 米学生在平行测验 A 和 B 的等级表现如表 7-7 所示：

表 7-7 两次测验结果汇总

		A 测 验				小计
		优	良	中	差	
B 测 验	差	1	1	3	8	13
	中	2	2	18	4	26
	良	5	7	2	2	16
	优	36	5	3	1	45
小计		44	15	26	15	100

$C = 0.687** \quad X^2 = 89.51, \ df = (r-1)(c-1) = 9$

$x^2 0.01 \ (df = 9) = 21.66 < x^2$

说明：

（7）相关矩阵。

【例 7-5】

表 7-8 相关矩阵表

	Y	X1	X2	X3	X4
Y	1.00				
X1	0.11	1.00			
X2	0.14	0.78**	1.00		
X3	0.56**	0.08	0.27**	1.00	
X4	−0.067**	−0.12	−0.33**	0.22**	1.00

说明：

【例 7-6】 某次比赛 8 个球队的比赛名次与投篮命中率，如表 7-9 所示。

表 7-9　8 个球队的比赛名次与投篮命中率

	A	B	C	D	E	F	G	H
比赛名次	1	2	3	4	5	6	7	8
投篮命中率（%）	1(58.4)	2(54.9)	4(54.1)	3(54.5)	5(47.4)	6(46.6)	8(41.9)	7(42.4)
名次差（d）	0	0	-1	1	0	0	-1	1
d2	0	0	1	1	0	0	1	1

SPSS 操作步骤：进入—定义变量 X、Y—输入数据—点击 analyse—选择 correlation—点击 bivariate—选择 X、Y 入 variable 框—在 correlation coefficient 框内选"spearman"—点击 ok—阅读结果。

$$r = 1 - 6\sum d^2/n\,(n^2 - 1) = 1 - 6 \times 4/8\,(64 - 1) = 0.952\,(P < 0.01)$$

【示例 1】

学龄儿童体质指数与生活作息状况分析

【摘要】目的是为了解哈尔滨市学龄儿童的体质指数（BMI）和生活作息状况，发现存在的问题。方法是在哈尔滨市有代表性的 4 所中小学校中，采用分层整群抽样的方法对小学四年级到初中三年级的学生进行了调查，并测量身高及体重。数据采用 SPSS 13.0 软件进行统计分析。结果用 BMI 指数判断学龄儿童的肥胖发生情况，在男生 10~12 岁和 13~15 岁 2 个年龄组的肥胖检出率显著高于 2000 年我国大城市的水平，而女生未表现出来。亲子间的 BMI 指数呈显著的相关性。男女生的 BMI 指数均与看电视时间呈显著正相关，而与睡眠时间呈显著负相关。在男生组，体育锻炼对超重和肥胖的发生有显著性影响，而在女生中未出现相关现象。调查结果显提示：学龄儿童的肥胖检出率很高，与生活作息方面有显著的相关性。

【关键词】学龄儿童，BMI，指数，生活作息

当前，我国儿童期的肥胖发生率呈明显上升趋势，其造成的危害不可忽视，严重影响了处在生长发育期的儿童健康。而肥胖的发生与日常的生活方式有密切关系，其生活作息安排得当与否，与健康有直接的关系。本

文对儿童的体质指数及日常的生活作息状况进行了调查，拟发现具体存在的问题，为提高儿童的健康状况提供有益的帮助。

1 对象与方法

1.1 研究对象

选取了哈尔滨市有代表性的小学、中学校各两所，采用分层整群抽样的方法，年级为四年级、五年级和初中一、二、三年级，共 5 个年级。

1.2 调查方法

调查表内容涵盖一般情况和作息情况。由经过培训的工作人员现场集体对学生施测，共获得有效问卷 1346 份。其中，小学四年级 264 人，小学五年级 297 人，初中一年级 240 人，初中二年级 252 人，初中三年级 293 人。同时，采用中国学生体质与健康调研所推荐的方法，测量儿童及其父母的身高和体重。BMI 指数 = 体重（kg）/身高（m^2）。

1.3 统计分析

将所得资料录入 Fox Pro 6.0 数据库，使用 SPSS13.0 软件进行相关的计算和统计分析。

2 结果

2.1 学龄儿童的 BMI 指数

使用 BMI 指数来反映学生的健康状况。按新颁布的《中国学龄儿童青少年 BMI 超重、肥胖筛查分类标准》判别被检学生是否正常、超重或肥胖，其检出率见表 1。

将本次调查的结果 10～12 岁和 13～15 岁两个年龄组与 2000 年我国大城市男女生超重、肥胖检出率进行了比较，结果见表 2。

2.2 亲子之间的 BMI 指数间的相关性

分析父子之间的 BMI 指数呈显著性的相关（r = 0.190，P<0.001）；母之的 BMI 指数亦呈显著性的相关（r = 0.229，P<0.001）。

2.3 BMI 指数与一日生活时间安排的分析

采用定序变量的相关性分析，结果显示统计分析发现其相关性有性别间的差异。男生 BMI 指数与完成家庭作业时间呈显著性相关（r = 0.092，P<0.05），与看电视时间呈显著性相关（r = 0.100，P<0.05），与睡眠时间呈显著负相关（r = －0.208，P<0.01）；女生的 BMI 指数与完成家庭作业时间

无关（r＝0.028，P>0.05），与看电视时间呈正相关（r＝0.095，P<0.05），与睡眠时间呈显著负相关（r＝－0.124，P<0.01）。

表1　学龄儿童的超重、肥胖检出率及在男女生间检出率的比较%

年 龄（岁）	男		女		两性之间检出率比较	
	超重	肥胖	超重	肥胖	X2	P
9	21.4	16.7	10.3	7.7	4.038	0.133
10	23.9	14.1	7.1	1.7	26.595	0.000
11	16.8	10.3	5.9	5.9	9.909	0.007
12	18.4	8.0	9.4	3.8	5.410	0.067
13	10.3	8.5	8.9	4.4	1.547	0.462
14	13.6	9.3	7.0	2.3	9.310	0.100
15	14.7	8.8	5.8	2.3	7.226	0.027

表2　本次调查的男女生超重、肥胖检出率与2000年我国大城市的水平比较

性别	年龄组（岁）	超重			肥胖		
		我国大城市儿童的检出率（%）	本次调查的检出率（%）	P	我国大城市儿童的检出率（%）	本次调查的检出率（%）	P
男	10～13	13.89	19.6**	0.000	5.42	10.80**	0.000
	13～15	11.33	11.90	0.413	4.37	8.94**	0.002
女	10～13	5.53	7.30	0.091	3.39	3.90	0.331
	13～15	7.27	7.80	0.433	2.37	3.20	0.275

*：P<0.05；**：P<0.01。

对体育锻炼是否与超重和肥胖有相关关系，经 X2 检验，显示:男生的体育锻炼对超重和肥胖的发生率有显著性的影响（X2＝9.825，P<0.01）；

而女生的体育锻炼对超重和肥胖的发生率未达到显著性影响水平（X2 = 0.523，P>0.05 ）。

3 讨 论

BMI 指数是目前国际上使用最广泛的反映人体胖瘦程度的重要指标之一，与健康密切相关。将本次调查的结果与 2000 年我国大城市男女生超重和肥胖的检出率进行了比较，发现这两组男生的肥胖检出率均显著高于我国 2000 年大城市男生的水平（P<0.01）；而这两组女孩的肥胖检出率与我国 2000 年大城市女生的水平相比，无显著性差异（P>0.05）。提示：本次调查对象中男生存在着肥胖率增高的现象，而女生则不存在此种现象。合理的安排生活作息能保证劳逸结合，满足生理和生活的需要，促进儿童的生长发育， 增强身体抵抗力和增进健康。王琪延的研究[6]提示中国人的生活时间分配上存在着许多有待改进的地方。同样，在学龄儿童中也存在着严重的生活作息不合理的现象。

一些研究已经提示儿童期肥胖的发生与体育锻炼、看电视及其他的静式活动有显著的相关性。本研究的结果证实了男女生的 BMI 指数均与看电视时间呈现出显著的正相关；但在体育锻炼与超重和肥胖发生的影响中，只有男生显示出了显著的负相关关系。男女生的 BMI 指数均与睡眠时间呈显著负相关关系，提示肥胖的发生与睡眠时间存在负相关关系，即睡眠时间短的儿童易发生肥胖，这一结果与 ChaputJP 等研究结果所证实的一致。

在视听设备越来越普及的情况下，以看电视、玩电脑、做作业等为主的静式生活方式越来越普遍，导致学生的户外活动时间和体育锻炼的时间锐减，本文提示对于男生来说可由此产生 BMI 指数的增加，值得引起社会各方的关注。

对于子代与亲代的 BMI 指数进行的相关性分析显示：子代与父亲和母亲均有显著的相关性。提示我们，BMI 指数具有较高的遗传性；另外，也提示家庭所具有的共同的生活环境和生活方式等对 BMI 指数也有很大的贡献。因此， 预防儿童肥胖应采取综合性的预防措施。

本次调查结果凸显了本次调查儿童群体健康问题的严重性，应调动儿童、家长以及学校的积极性，合理地安排好生活作息，切实严格落实"小学生一日学习时间卫生标准"和"中学生一日学习时间卫生标准"，改变不良的生活方式，应开展早期预防工作，为其成年期的健康打下良好的基础。

【思考与练习】

1. 卡方检验与列联相关有什么不同？

2. 如果问卷调查中有受试者的一般信息：性别、年龄、学历、所在地区、年收入、婚姻状况等，另外有些态度和行为方面的问题：认为体育锻炼的重要性、对体育锻炼的热爱程度、参与情况（每周次数、强度、时间、地点等）、参与效果等，你可以设计：用什么统计方法解决什么问题。

3. 欲研究5种具体的训练手段(如30米跑可以具体量化测得的手段)，对某专项成绩（可量化测得或不可量化测得）的作用程度大小，用什么方法解决，写出具体的操作步骤。

4. 试着自己想出一些可以用卡方检验的实际例子。

第八章 回归分析、聚类分析

第一节 一元线性回归（直线回归）

一、一元线性回归（直线回归）基本原理：

当 $f(x)$ 为线性函数时（即所有自变量都是一次项）称此类回归为线性回归，将回归方程中自变量的个数称为方程的"元"。因此，一元线性回归就是仅包含一个自变量的线性回归方程。

一元线性回归只有 x、y 两个变量，我们可以把构成样本的每一对值看作二维空间的一个点，而一元线性回归方程就应该是该平面中的一条直线。

当自变量 X 与应变量 Y 相关显著时，有必要建立回归方程。

二、一般回归模型

对于一元线性回归，其回归方程的一般形式为：

$$Y^\wedge = a + bX \qquad （式 8.1）$$

$$Q = \sum [Y - (a + bX)]^2 \qquad （式 8.2）$$

其中 a 为常数，b 为回归系数。

回归分析的第一个任务就是要确定 a、b，将其代入式 8.1 中，我们就得到了一个实际的方程。

回归分析的基本思想和方法以及"回归（Regression）"名称的由来都要归功于英国统计学家 F. Galton（1822—1911）。F. Galton 和他的学生，现代统计奠基者之一的 K. Pearson（1856—1936）在研究父母身高与其子女身高的遗传问题时，观察了 1 078 对夫妇。以每对夫妇的平均身高作为

自变量 x，取他们的一个成年儿子的身高作为因变量 Y，其结果发现两者近乎一条直线，其回归直线方程为：

$$Y^\wedge = 33.73 + 0.516X$$

由于一元线性回归是利用一个变量（x）引起另一个变量（y）的变化情况做出估计的统计方法，方程的可靠性（可信性）完全取决于方程中因变量 y 的变化在多大程度上能够被自变量 x 所反映。因此，回归方程的可靠性分析，实质上是自变量 x 对因变量 y 影响的显著性分析。

对于一元线性回归分析，可采用两种方法对方程的可靠性进行分析评价。

1. 相关系数检验法

由于在一元线性回归方程中含有一个自变量和一个因变量，而相关系数恰好可以表示两变量间的相互影响作用，因此，对于一元线性回归方程，如果 x、y 间的相关系数 r 经检验具有显著意义，可简称为该方程是可靠的。

2. 方差分析法

方差分析法较相关系数法计算量大，并且较难理解，但由于该方法可以推广应用于曲线回归和多元回归之中，因此，它更加具有普遍意义。

前面我们已经在相关系数的计算过程中给出了变量 y 的离均差平方和 L_{yy}，它表示变量 y 的变化（离散）程度的大小，可以看成 y 相对于其平均水平的样本总变差。相对于 L_{yy} 的每一项（$Y - \bar{Y}$），我们可以将其分解为：

$$(Y - \bar{Y}) = (Y - {}^\wedge Y) + ({}^\wedge Y - \bar{Y})$$

并且，经过简单的数学推导可以证明：

$$L_{yy} = \sum(Y - \bar{Y})^2 = \sum(Y - {}^\wedge Y)^2 + \sum({}^\wedge Y - \bar{Y})^2 \qquad （式 8.3）$$

显然，式 8.3 中的第一式 $(Y - {}^\wedge Y)^2$ 恰好是式 8.2 中给出的 Q，它是回归方程对 y 的估计值的误差平方和。之所以产生估计误差，是因为 y 的变化不能完全由回归方程来表示。因此，Q 代表 y 的变化中不能被 X 所反映的那一部分。

式 8.3 中的第二项 $\sum(^\wedge Y - \bar{Y})^2$ 是回归估算值 $^\wedge Y$ 相对于 y 的平均水平的总变差，而 $^\wedge Y = a + bx$，因此，该项实际表示了 y 的总变差中可以由 x 的变化所反映的那一部分，也就是变量 x 对 y 的影响部分。定义：

$$U = \sum(^\wedge Y - \bar{Y})^2 \qquad\qquad （式 8.4）$$

称 U 为回归平方和、Q 为剩余平方和。因而有：

$$L_{xy} = U + Q \qquad\qquad （式 8.5）$$

由上所述，式 8.5 中 U 表示变量 x 对 y 的变化的影响，Q 表示除 x 之外其他因素对 y 的变化莫测的影响。

表 8-1　身高统计表

实测值 X	X1	X2	X3	X4	X5	X6	X7	X8	…	X1077	X1078
实测值 Y	Y1	Y2	Y3	Y4	Y5	Y6	Y7	Y8	…	Y1077	Y1078

问 1：把上表的 x 实测值代入方程，得到估计值，估计值与实测值 Y 相等吗？

问 2：回归系数 0.516 与 x、y 的相关系数 r 相同吗？

第二节　多元回归分析

多元回归分析是一元回归分析的推广。当所研究的问题中有一组自变量 x_1，x_2，$x_3 \cdots x_p$ 对一个因变量 Y 共同发生作用时，可以利用多元回归建立 Y 与诸多 x 之间的关系。如果选用的函数模型为线性模型时，那么，这种回归称为多元线性回归。当我们使用逐步筛选的办法，去除对 y 不具显著性相关的变量，使方程优化时，其方法就称为逐步回归。多元回归分析方法是体育科研中常用的方法，它比单因素分析更能揭示事物的本质和内在联系。二元线性回归分析在多元线性回归分析中是最简单最基本的形式，它是多元线性回归分析的基础，所以多元线性回归的理论和方法能由它推广而来。

一、多元线性回归的一般模型

$$Y^\wedge = b_0 + b_1 x_1 + b_2 x_2 + \cdots\cdots + b_n x_n \qquad （式 8.6）$$

其中，Y 为因变量，$x_n（N=1\cdots n）$ 为 n 个自变量，b_0 为回归方程的常数项，$b_n（n=1\cdots n）$ 为回归系数。

回归方程的求解过程实际上是利用多元样本数据计算得到各 $b（i=0、1、2、3\cdots p）$ 的值。以得到一个具体的具有 p 个自变量的线性方程。

二、多元线性回归方程的检验

（一）方差分析

回归方程效果的好坏可用方差分析法进行检验。方差分析的检验如下：

$$L_{yy} = U + Q \qquad （式 8.7）$$

其中
$$L_{yy} = \sum (Y-\overline{Y})^2 = \sum y^2 - (\sum Y)^2 / n$$

$$U = \sum (^\wedge y - \overline{y})^2 = b_1 L_{1y} + b_2 L_{2y} \qquad （式 8.8）$$

$$Q = \sum (y -^\wedge y)^2 = L_{yy} - U \qquad （式 8.9）$$

给定检验水平 α，查 F 分布表，求出临界值 $F_\alpha(k, n-k-1)$，若 $F > F_\alpha(k, n-k-1)$，则否定 H_0，表明回归方程的效应显著；反之亦然。

表 8-2　方程检验表

	离差平方和	自由度	离均差	F 值	P 值
回归	22 458	7	3209	60.35	0.000
残差	13 615	256	52		
总和	35 083	263			

表 8.3　ANOVA[c.d]

Model		Sum of Squares	df	Mean Squares	F	sig.
1	Regression	372517.0	1	372516.974	1123.539	.000[a]
	Residual	35145.03	106	331.557		
	Total	407662.0[b]	107			

a. Predictors：peopel who read（%）.

b. This total sum of squares is not corrected for the constant because the constant

Is zero for regression through the origin.

C. Dependent variable people living in cities（%）.

D. Linear Regression through the origin.

（二）复相关系数 R

衡量诸多 Xi 对 Y 共同影响作用，R 值越接近 1 越好。

$Y = 0.178 + 0.739X_1 + 0.560X_2 + 0.175X_3 + 0.568X_4 + 0.710X_7 +$

$\quad 0.369X_9 + 0.551X_{10}$

$F = 30.167***$　　　　$R = 0.878$

决定系数 R^2（或称判定系数）。

含义同 R。

（三）偏回归系数的检验

对每一个自变量进行检验（利用偏回归平方和）。

在多元回归中，回归方程检验显著性并不意味着每个自变量 x_1，x_2，$x_3 \cdots x_k$ 对因变量 y 的影响都是重要的。应分清在所考虑的因素中哪些是影响 y 的主要因素，哪些是次要因素，从中找出主要矛盾，以利于更好地对 y 进行预测或控制，这就需要对每个变量进行检验，即对回归系数作显著性检验。

从方差分析得知，总的离差平方和 $L_{yy} = U + Q$，其中回归平方和 U 是刻画所有自变量对 y 线性影响的大小。一般考虑自变量越多，U 就越大。因此，若在所考虑的所有自变量中去掉一个自变量，回归平方和只会减少，不会增加。减少的数值越大，说明该变量所起的作用越大，也就是该变量越重要。

设 U 是 k 个就是 x_1，x_2，$x_3 \cdots x_{k-1}$ 所引起的回归平方和，U 是 $k-1$ 个变量 x_1，x_2，$x_3 \cdots x_k$ 所引起的回归平方和（除去 x_1），它们的差。

$$W_i = U - U \qquad\qquad （式 8.10）$$

即为去掉 x_i 后，回归平方和所减少的量，称为 x_i 的偏回归平方和，利用它可以衡量每个变量在回归中所起的作用大小。

一般来说，自变量 x_i 经检验若不显著，在多元回归分析中需剔除这个变量，当剔除一个变量后，各因素的偏回归平方和的大小会有所改变，应重新建立回归方程，并对回归系数进行检验。如表 8-4。

表 8-4　回归系数及标准回归系数

	常数项	X_1	X_2	X_3	X_4	X_5	X_6	X_7
回归系数	0.178	0.739	0.560	0.178	0.568	0.700	0.369	0.551
标准回归系数		0.400**	0.523**	0.154**	0.456**	0.260**	0.147**	0.221**

注：X_1、X_2、X_3、X_4、X_5、X_6、X_7 分别表示二分球命中率、三分球命中率、罚球命中率、篮板球、抢断、犯规和失误。

（四）多重共线性（方程病态）

利用（自变量的相关系数构成的）统计量容许度、方差膨胀因子可以进行鉴别。

（1）自变量之间的高度相关。

（2）样本含量的不足。

表 8-5　无法解释的回归系数

	X1	X2	X3	X4	X5	X6	X7
回归系数一（b1）	*-0.2486*	0.0126	0.5895	*-0.0025*	0.0003	*0.1679*	-0.3969

注：斜体数据表示无法解释的数据：***P < 0.001

上表中 X_1、X_4 和 X_6 对应的回归系数无法解释。

第三节　逐步回归

一、基本思想

在多元回归方程中可能有些自变量的作用并不显著，这样的自变量保留在方程中不但会使方程毫无意义复杂化，并降低使用价值，而且会降低方程的可靠性和估计精度，因此是有害无利的。将这类毫无意义的变量引入方程的原因，可能是由于我们对变量间的关系了解得不够，把与因变量无显著关系的变量误作为自变量引入，也可能由于虽然单独考查自变量与因变量的关系时其影响是显著的，但由于其他自变量的引入，其共同作用完全表达了该自变量单独对 y 的影响而使其在方程中失去意义。因此，在方程建立之前，我们是无法保证多元加、回归方程中的每一个自变量都具有显著意义的。

逐步回归方法，就是剔除回归分析中一些不起作用（或作用很小）的自变量，留下显著性作用的自变量。

二、区　分

（1）不剔除自变量的回归，可以称"全回归"（仅在这里这么称呼）。—enter 方法。

（2）剔除部分自变量的回归，则为"逐步回归"。—remove，stepwise，backward，forward 四种方法。

三、例下表中最后一行的数据

表 8-5　几种方法的处理结果

	X1	X2	X3	X4	X5	X6	X7
回归系数一（bi）	− 0.2486	0.0126	0.5895	− 0.0025	0.0003	0.1679	− 0.3969
回归系数二（bi）		0.0913	0.6148		− 0.0003		− 0.0351
逐步回归分析结果	Y = − 0.132 +	0.661X3	F = 30.167**	R = 0.878			

注：斜体数据表示无法解释的数据；***：$p < 0.001$

- 168 -

表 8-7 方差分析表

方差来源	平方和	自由度	方差	F 值	$F_{0.01}$	显著性
回归	2.6157	3.0000	0.8719	93.2600	4.6700	**
剩余	0.2430	26	0.009364			
总和	2.8587	29				

上述检验表明，回归方程高度显著。

四、自变量的筛选方法

（1）强行进入法（全回归，enter）。

强行进入法是所有自变量全部进入方程的方法，也是默认方法。

（2）消去法（remove）。

消去法是建立方程时，根据假定条件从回归方程中剔除部分自变量的方法。

A. 向前筛选（forward），是自变量不断进入方程的过程。

先是与 Y 具有最密切关系（相关系数最高）的变量进入方程，并进行回归方程的各种检验；

然后，在剩余的变量中寻找与 Y 的偏相关系数最高且通过检验的变量进入回归方程，各种检验；

这个过程一直重复，直到再也没有可进入方程的变量为止。

B. 向后筛选（backward），是从方程中不断剔除变量的过程。

先是所有自变量引入方程，检验；

然后，在回归系数显著性检验不显著的一个或多个自变量中，剔除 t 检验值最小的变量，重新建立方程并检验；

以此类推，直到没有可剔除的自变量为止。

C. 逐步筛选（stepward）是 forward 和 backward 的综合。

五、曲线拟合

（1）原理：样本数据不具备线性特征，而呈曲线分布情况。

（2）与回归的区别：回归是指线性回归，即应变量与自变量之间具有线性关系。

（3）有 11 种可供选择的模型。

① 一元线性：$Y = b_0 + b_1 x$　　② 二次函数：$Y = b_0 + b_1 x + b_2 x^2$

④ 复合函数：$Y = b_0(b_1)^x$　　④ 生长函数：$Y = e^{(B0 + B1x)}$

⑤ 对数函数：$Y = b_0 + b_1 ln$　　⑥ 三次函数：$Y = b + b_1 x + b_2 x^2 + b_3 x^3$

⑦ S 形曲线：$Y = e(b_1/x)$　　⑧ 指数函数：$Y = b_0 e^{b1x}$

⑨ 倒数函数：$Y = b_0 + b_1/x$　　⑩ 幂函数：$Y = b_0 X b_1$

⑪ $Y = (1/u + b_0 b_1 x)^{-1}$

（4）判断标准：相关系数的平方（R square）。

表 8-8　20 个国家人均 GNP、服务业产值比例与高教入学率的数据

Y	0.97	2.21	4.19	6.30	8.74	10.48	12.36	14.55	16.25	19.05
X1	348.4	375.4	603.1	698.4	666.8	1501.8	1851.1	1811.1	2099.1	3709.5
X2	25.01	31.16	35.44	35.68	39.45	43.92	47.18	45.85	46.30	44.45
Y	21.46	23.59	25.64	27.59	29.55	31.55	34.94	38.20	44.37	62.90
X1	3592.1	4940.4	5899.9	9742.4	8462.2	14 371.6	13 212.7	12 099.7	8 830.92	16 436.8
X2	36.98	49.40	51.89	54.04	52.88	54.88	52.16	52.78	43.32	64.15

Y＝高教入学率（%），X_1＝人均 GNP（美元），X_2＝报产比（%）

表 8-9　回归系数表

	Unstandardized Coefficients	Standardized Coefficients	t	sig
	B	Beta		
（Constant）	− 6.883		0.569	0.519
人均 GNP	2.212E-03	0.739	4.573	0.000
服产比	0.359	0.213	1.320	0.204

【示例 1】

影响 CBA 各队得分的回归分析

1　研究对象与方法

1.1　研究对象

2003—2004 年赛季 CBA 常规赛 12 支球队，分别为八一、奥神、北京、山东、陕西、辽宁、吉林、广东、上海、浙江、江苏和新疆队。这 12 支球队在 CBA 常规赛 22 轮，共计 132 场比赛。

1.2　研究方法

（1）文献资料法。查阅有关篮球及有关统计方法运用资料。

（2）数理统计法。主要采用逐步回归分析和等级相关分析法。

（3）现场观察法。通过比赛录像进行技术分析。

2　结果与分析

2.1　比赛得分与技术指标结果

CBA 是我国最高水平的篮球联赛，优秀球队以夺取冠军为最高荣誉，并且每年都有升降级制运行，因此，每年 CBA 常规赛比赛异常激烈。通常反映运动队在比赛中运用的技术，包括二分球投篮命中率，三分球命中率、罚球命中率、篮板球、盖帽、助攻、抢断、被侵、犯规和失误等 10 个指标，在这些众多指标中，存在着对运动队得分能力影响因素和非影响因素之分，在影响因素当中，存在着影响程度轻重之别。笔者认为逐步回归多元统计方法是解决以上问题的较理想的方法。逐步回归分析是多元统计提供的一种在众多因素中挑选对因变量影响显著的自变量的方法，它将因素逐个引入回归模型，引入的条件是该因素的偏回归平方和经检验是显著的，同时，每引入一个新的因素后，要对已选择的因素逐个进行检验，将偏回归平方和变为不显著的因素剔除，最终确定影响显著的自变量过程。通过对 12 支球队 22 轮 132 场比赛的技术统计，结果如表 1 所示。

2.2　得分能力影响因素分析

运动队得分能力是综合因素的反映，其主要表现在运动队在每场比赛的得分多寡，以 132 场得分为因变量，每场技术指标为自变量，进行逐步回归分析。复相关系数代表自变量 X 与因变量 Y 之间的相关程度，它越靠近 1，说明两者相关程度越高。CBA 球队得分因变量与被剔除后的自变量复相关系数为 0.789，判断系数为 0.623，经检验 $P < 0.01$，表明此研究所建立数学模型的拟合程度非常好。

表 1　2003—2004 赛季各 CBA 球队技术统计

队名	得分命中率	二分命中率	三分	罚球	篮板球	盖帽	助攻	抢断	被侵	犯规	失误
八一	105.86	0.55	0.37	0.78	35.23	1.91	15.14	11.73	21.96	24.96	14.64
奥神	102.05	0.54	0.33	0.72	41.46	3.41	12.68	6.86	25.86	24.82	15.64
北京	97.64	0.50	0.35	0.74	34.46	2.14	13.68	8.91	19.73	24.55	13.77
广东	105.68	0.56	0.39	0.74	42.00	1.82	15.86	9.91	20.23	22.32	15.23
吉林	107.09	0.55	0.34	0.74	43.27	3.23	17.46	11.82	22.96	22.14	19.27
江苏	105.41	0.54	0.34	0.67	45.27	4.00	13.77	12.36	23.00	23.86	19.14
辽宁	98.27	0.56	0.34	0.73	38.59	3.27	17.50	9.82	21.59	21.32	16.05
山东	93.32	0.54	0.31	0.77	36.91	2.09	10.96	8.46	21.27	22.05	14.23
陕西	103.00	0.57	0.32	0.69	40.91	3.64	12.59	9.09	25.27	24.59	17.36
上海	103.91	0.50	0.35	0.76	41.41	2.96	12.77	9.86	20.96	22.55	14.00
新疆	102.46	0.56	0.33	0.78	36.36	2.23	11.00	8.73	23.91	24.32	14.00
浙江	95.00	0.52	0.31	0.73	34.32	1.82	13.46	11.73	21.14	26.18	15.77
全队	101.64	0.54	0.34	0.74	39.18	2.69	13.91	9.94	22.32	23.64	15.76

　　从表 2 中可知，通过逐步回归分析发现，得分能力 Y 从 10 个指标中剔除 3 个，它们是盖帽、助攻和被侵，影响运动队得分的主要因素为二分球命中率，三分球命中率、罚球命中率、篮板球、抢断、犯规和失误 7 个因素，每个因素均具有非常显著性意义。

表 2　回归系数及标准回归系数

常数项	X1	X2	X3	X4	X7	X9	X10	
回归系数	0.178	0.739	0.560	0.178	0.568	0.710	0.369	-0.551
标准回归系数	0.490**	0.523**	0.154**	0.456**	0.260**	0.147**	-0.221**	

　　注：X_1、X_2、X_3、X_4、X_7、X_9 和 X_{10} 分别表示二分球命中率、三分球命中率、罚球命中率、篮板球、抢断、犯规和失误。

逐步回归分析被剔除的 3 个变量分别是盖帽、助攻和被侵，在 CBA 比赛中，队员对盖帽的表现欲并不是很高，特别是国内球员。而助攻和被侵也不是影响因素。标准回归系数大小的意义直接表明：标准回归系数越大，其影响作用就越大。因此影响运动队得分能力的程度大小依次是：三分球命中率、篮板球、二分球命中率、抢断、失误、罚球命中率和犯规，其中只有失误指标的标准回归系数为负数，减少失误有助于提高得分，在比赛中失误一次就送给对方一次得分机会，这是符合常理的。而其他 6 个因素的标准回归系数均为正数，说明这 6 个因素与得分能力呈正相关，这里需要强调的是，犯规的标准回归系数为正，并不意味着犯规越多，得分能力越强，因为引入回归方程中回归系数属于偏回归系数而不是简单的相关系数，从回归系数的意义理解来看，在模型中其他变量不改变的前提下，每改变该变量一个单位，因变量也随之改变，若系数为正，改变方向相同，犯规的标准系数为 0.147，表明在其他 6 个指标不变的前提下，增加一次犯规得分能力增加 0.147，总之，增强犯规有助于得分，在篮球比赛必要时，通过合理犯规可影响对方得分，尤其是在临场结束而比分却很接近时，弱队往往通过犯规战术让对方罚球，来尽可能改变比赛结果，所以每个队员只有 5 次机会，应该用好用足这 5 次犯规机会，它在所有因素中影响最小。在 CBA 整个联赛中，队员主要靠 2 分球得分，对得分贡献最大，与 2 分球命中率是两个概念，因为从 2 分球命中率来说，各队基本处在同一水平，最大的是 56%，最小的是北京队 50%，影响最大的因素是 3 分球命中率，而 3 分球命中率在整个常规赛中其变异系数达 30% 以上，它是决定得分能力的最关键因素，因此，各运动队应重视运动员 3 分球的命中率，在日益激烈对抗的比赛中，防守非常坚固，对内线不易突破，就须采用外线远投，从而实现内外线灵活进攻，使对方防不胜防。

2.3 运动队得分能力建模

这 7 个因素经过方差分析对回归方程进行检验（表 3），检验结果 $P < 0.01$，说明回归方程具有非常显著性意义。

表 3 方差分析表

	离差平方和	自由度	离均差	F 值	P 值
回归	22468	7	3209	60.35	0.000
剩余	13615	256	53		
总	36083	263			

得分能力的数学模型 $Y = 0.178 + 0.739 \times 1 + 0.560 \times 2 + 0.178 \times 3 + 0.568 \times 4 + 0.710 \times 7 + 0.369 \times 9 - 0.551 \times 10$，该模型就是球队得分能力的定量表达式。为了进一步验证通过建模后得分表达式的有效性，运动队得分能力必然与比赛竞技能力具有一定程度的相关关系，以 03～04 赛季常规赛比赛名次作为效标，得分能力 Y 与比赛名次见表 4，进行秩相关分析，rs＝0.7786，经检验，P<0.01，本研究的得分能力建模较有效地反映 CBA 篮球队的得分能力。因此，各队教练员利用该建模明确运动队得分能力影响因素及大小，并结合自己球队实际技术运用的情况进行分析，发现本队在技术上的优势和不足，从而有针对性地进行技术调整，来指导球队的日常训练，使球队训练更有目标性，对训练具有重要指导意义。

表 4 各队得分能力与比赛名次排序

	广东	江苏	八一	吉林	新疆	山东	奥神	陕西	辽宁	上海	北京	浙江
比赛名次	1	2	3	4	5	6	7	8	9	10	11	12
得分能力	31.68	33.63	30.41	31.43	32.01	28.15	29.85	30.10	28.83	29.03	28.25	29.66
得分能力排序	3	1	5	4	2	12	7	6	10	9	11	8

3 结 论

（1）从 CBA 联赛中反映出球队得分能力的影响因素较多，其影响程度大小依次是三分球命中率、篮板球、二分球命中率、抢断、失误、罚球命中率和犯规。

（2）对球队的得分能力进行建模，其有效性较高，教练员就自己球队实际技术状况，有针对性地指导球队训练，提高球队得分能力，从而提高其竞技能力。

【示例2】

不同统计方法对跳高成绩分析的比较研究

1 研究方法

在"多文"的全回归、灰色关联度分析的基础上，本文又进行了逐步回归和斜关联度分析，在此基础上对各种分析方法的效果进行比较，并找出相应的原因。

下面附上"多文"提供的原始数据，请参见表1。

表1 我国优秀男子跳高运动员专项成绩与运动素质数据[1]

	张	敖	石	唐	竹	石	王	李	谢	尹	李
Y跳高成绩（m）	2.19	2.21	2.18	2.20	2.39	2.12	2.20	2.18	2.12	2.08	2.00
x1立定跳远（m）	3.15	2.90	3.20	3.11	3.11	2.95	3.00	3.20	2.86	2.90	3.20
x2原地纵跳（cm）	90	80	90	86	94	75	80	95	84	85	90
x3助跑摸高（cm）	3.60	3.60	3.50	3.43	3.71	3.52	3.52	3.43	3.40	3.35	3.25
x4深蹲杠铃（kg）	155	165	145	110	125	140	110	165	140	130	150
x5半蹲杠铃（kg）	320	320	260	260	200	220	300	310	290	280	305
x6100跑（s）	11.40	10.76	11.20	10.75	10.90	11.80	11.50	11.50	12.10	11.00	11.30
x7 30跑（s）	3.70	3.45	3.56	3.44	3.43	3.65	3.70	3.70	4.00	3.60	3.60

2 研究结果

"多文"对7个自变量回归时（回归系数见表2，虽然回归方程有显著意义（F值略），但部分运动素质对跳高成绩的影响作用出现矛盾，表现在X1、X4、X6对应的回归系数b1、b4、b6。的符号不正常（应为：b1>0、b4>0、b6<620），导致方程"病态"。于是，删除X1、X4、X6。对剩余的4个自变量进行回归（系数值见表2，b5<0，方程仍为"病态"，并求出了4个自变量的标准回归系数（见表2），排序为：b3> b5> b2> b7。最后，"多文"求助于灰色关联分析，计算出了关联度（表2，未考虑正负号），排序为:r3> r6> r7> r1> r2> r4>r5。

表 2　几种方法的处理结果

	x1	x2	x3	x4	x5	x6	x7
回归系数一（b_i）	- 0.248 6	0.012 6	0.589 5	- 0.0025	0.000 3	0.167 9	- 0.396 9
回归系数二（b_i）		0.091 3	0.614 8		- 0.000 3		- 0.0351
标准回归系数（b_i）		0.125 2	0.816 1		- 0.133		- 0.059 3
关联度（r_i）	0.830 02	0.789 93	0.924 61	0.63474	0.629 55	0.842	0.834 5
斜关联度（r_i）	- 0.1963	- 0.181 0	0.783 21	0.06325	0.179 44	- 0.59462	- 0.577 63
逐步回归分析结果 Y = - 0.132 + 0.661×3　F = 30.167*** R = 0.878							

注：斜体数据表示无法解释的数据：***：p＜0.001

本文用两种逐步回归分析（stepwise 和 forward）对原始数据进行了计算，结果均只有 X_3 入选方程（见表 2），且方程有显著意义（p<0.001）。本文又利用灰色关联中的斜关联计算公式[3]重新计算，考虑了关联度的正负号，结果见表 2。值得注意的是，X_1 和 X_2 两项指标的关联度 r_1 和 r_2 为负值（应为正值），无法解释。斜关联度的计算步骤为：

第一，设有原始数列：$X0 = \{X(t), \ t = 1, \ 2, \ \cdots\cdots, \ n\}$

比较数列：$X_i = \{X_i(t), \ 和 \ 1, \ 2, \ \cdots\cdots, \ n\}; \ i = 1, \ 2, \ \cdots\cdots, \ m$

第二，对 X_0 和 X_i 作一次累减，得差值（见表 3）：

$$K_0(t + 1) = X_0(t + 1) - X_0(t) \qquad ①$$

$$K_i(t + 1) = X_i(t + 1) - X_i(t) \qquad ②$$

表 3　各序列对应差数

K0(t + 1)	1	2	3	4	5	6	7	8	9	10
$X_0(t + 1) - X_0(t)$	0.02	- 0.03	0.02	0.19	- 0.27	0.08	- 0.02	- 0.06	- 0.04	- 0.08
$X_1(t + 1) - X_1(t)$	- 0.25	0.30	- 0.09	0.0	- 0.16	0.05	0.20	- 0.34	0.04	0.30
$X_2(t + 1) - X_2(t)$	- 10	10	- 4	8	- 19	5	15	- 11	1	5
$X_3(t + 1) - X_3(t)$	0.00	- 0.1	- 0.07	0.28	- 0.19	0.00	- 0.09	- 0.03	- 0.05	- 0.10
$X_4(t + 1) - X_4(t)$	10	- 20	- 35	15	15	- 30	55	- 25	- 10	20
$X_5(t + 1) - X_5(t)$	0	-60	0	- 60	20	80	10	- 20	- 10	25
$X_6(t + 1) - X_6(t)$	- 0.64	0.44	- 0.45	0.15	0.90	- 0.30	0.00	0.60	- 1.10	0.30
$X_7(t + 1) - X_7(t)$	- 0.25	0.11	- 0.12	- 0.01	0.22	0.05	0.00	0.30	- 0.40	0.00

第三，计算相对变化率（见表4）：$\triangle K_0(t+1)=K_0(t+1)X_0$③

$\triangle K_i(t+1)=K_i(t+1)X_i$④　　　　　$X_i=1\,n\sum x_i（t）$⑤

表4　各序列的相对变化率

$\Delta K_0(t+1)$	1	2	3	4	5	6	7	8	9	10
$K_0(t+1)\sqrt{X0}$	0.009 22	−0.013 82	0.009 22	0.087 56	−0.124 40	0.036 87	−0.009 22	−0.027 65	−0.018 43	−0.036 87
$K_1(t+1)\sqrt{X1}$	−0.081 89	0.098 27	−0.029 48	0.000 00	−0.052 41	0.016 38	0.065 52	−0.111 40	0.013 10	0.098 27
$K_2(t+1)\sqrt{X2}$	−0.115 90	0.115 90	−0.046 37	0.092 73	−0.220 20	0.057 96	0.173 90	−0.127 50	0.011 59	0.057 96
$K_3(t+1)\sqrt{X3}$	0.000 00	−0.028 71	−0.020 10	0.080 40	−0.054 56	0.000 0	−0.025 84	−0.008 61	−0.014 36	−0.028 71
$K_4(t+1)\sqrt{X4}$	0.071 66	−0.143 30	−0.250 80	0.107 50	0.107 50	−0.215 0	0.394 10	−0.179 10	−0.071 66	0.143 30
$K_5(t+1)\sqrt{X5}$	0.000 0	−0.215 30	0.000 00	−0.215 30	0.071 78	0.287 10	0.035 89	−0.071 78	−0.035 89	0.089 72
$K_6(t+1)\sqrt{X6}$	−0.056 68	0.038 97	−0.039 85	0.013 28	0.079 70	−0.026 57	0.000 00	0.053 14	−0.097 42	0.026 57
$K_7(t+1)\sqrt{X7}$	−0.069 04	0.030 38	−0.033 14	−0.002 76	0.060 76	0.013 81	0.000 00	0.082 85	−0.110 50	0.000 00

　　第四，计算 X0 与 Xi 之间的关联系数 $\zeta i（t）$（见表5）第五可计算关联度。

$$\zeta i(t)=\pm 1[1+\Delta Ki(t+1)-\Delta K0(t+1)]　　　　⑥$$

当 $\Delta Ki(t+1)$ 与 $\Delta K0(t+1)$ 符号相同时取正值，异号取负值。

当 $\Delta Ki(t+1)$ 与 $\Delta K0(t+1)$ 为零时，将 $\Delta Ki(t+1)$ 与 $\triangle K0(t+1)$ 的符号做正号处理。

　　第五，计算关联度 ri。

$$ri=1(n-1)\sum \zeta i(t)　　　　⑦$$

由上面定义可以看出：ri 的取值范围在 $-1\leqslant ri\leqslant 1$。ri 具有唯一性

表5　各序列的关联系数 $\zeta i(t)$

1	2	3	4	5	6	7	8	9	10
−0.932 3	−0.922 1	0.980 1	0.919 5	0.932 8	0.979 9	−0.946 7	0.922 7	−0.994 7	−0.942 2
−0.903 6	−0.907 4	−0.964 2	0.994 9	0.912 6	0.979 3	−0.858 6	0.909 2	−0.993 2	−0.979 3
+0.990 9	0.985 3	−0.989 2	0.992 9	0.934 7	0.964 4	0.983 6	0.981 3	0.995 9	0.991 9
+0.941 2	0.885 4	-0.805 4	0.980 4	−0.983 4	−0.848 8	−0.722 1	0.868 5	0.949 5	−0.903 8
+0.990 9	0.832 3	0.990 9	−0.886 7	−0.950 0	0.799 9	−0.974 0	0.957 7	0.987 8	−0.949 8
−0.954 7	−0.975 5	−0.970 3	0.930 9	−0.957 2	−0.989 8	−0.990 9	−0.975 1	0.926 8	−0.989 8
−0.943 6	−0.983 7	−0.976 6	−0.921 8	−0.940 2	0.977 5	−0.990 9	−0.947 7	0.915 7	−0.964 4

- 177 -

第六，进行排序。

本文利用上述公式，对表 1 的原始数据进行了计算，得出各表（表 3、4、5，此例中的原始数列 X0 为因变量 Y）。最后，计算出各变量的斜关联度的值（见表 2），其中，变量 X1 和 X2 的斜关联度为负值，无法解释。其他变量的排序为：r3> r6> r7> r5> r4。

3　分析和讨论

"多文"在分析中认为，两次回归（分别为 7 个自变量和 4 个自变量）的结果均出现了方程"病态"的原因是：一、样本量小，达不到"样本量至少是自变量的 15 倍"的要求。二、分析的前提是因变量与自变量之间呈线性关系。而灰色关联度分析，对样本量的大小没有特别的限制，而且揭示的是因变量与自变量之间的指数关系。因此用灰色关联度分析是适合的。

本文针对上述分析提出的问题是：不是线性关系就一定是指数关系的推理是否严谨，灰色关联度是否就一定适合此例。首先来看一看灰色关联度计算方法的缺陷：一、关联度计算公式受分辨系数 ρ 的影响，ρ 取值不同，则关联排序也不同，因此有可能歪曲客观事物的本来面目。二、计算的关联度只能体现正相关，不能客观地反映体育现象中众多的负相关关系。

针对上述缺陷，有学者研究出了斜关联度的公式。本文利用这种公式，对表 1 的数据进行了处理。虽然该公式很好地反映了 X6（100 米）、X3（30 米）与跳高成绩呈负相关（斜关联度分别为 −0.5946 和 −0.5776），但是，却判定 X1（立定跳远）、X2（原地纵跳）与跳高成绩也呈负相关（分别为 −01963 和 −0.1810），同样出现了无法解释的结果（表 2）。

尽管几种方法的分析结果都有缺陷，但仍可以从中看出一个大致的、粗糙的倾向：r3 总是排在首位（即 X3 助跑摸高对跳高成绩影响最显著）。本文用逐步回归分析（结果见表 2）也得出了同样的结果：仅有助跑摸高（x3）入选回归方程。而且，回归系数符号正常，回归方程具有极显著意义（P< 0.001）。

从专项技术的角度看，自变量 x3 助跑摸高与跳高技术动作结构最相似，它体现了力量素质与速度素质的结合。与其他几个自变量相比较，不管队员的个性化倾向如何、专项水平高低，助跑摸高的起跳与跳高的关键技术——起跳的技术结构最相似，因此，x3被选为对跳高成绩影响最大的自变量是合情合理的。这与本文走访的一些跳高教练和专家的意见是吻合的。当问及"当今跳高训练中是注重力量训练还是注重速度训练"时，教练员较一致的回答是:具体情况具体分析。跳高最讲究的是速度和力量的完美结合，而高水平队员又具有鲜明的个性特征，因此具体注重发展哪一类素质要因人而异，有的可能要相对增加力量素质，有的可能是速度素质。比如我国著名跳高运动员朱建华力量素质较差，训练上并不是盲目发展他的力量，而是结合其个性化特点，以速度为中心，力求技术和力量相平衡的指导思想进行训练，使其三次打破世界纪录。另一方面，力量又影响着速度，没有力量的速度是无从谈起的，关键是这种力量、速度不仅要符合跳高标准技术动作的要求，更重要的是符合其个性化特点。某种意义上说，一般的模型对一般运动员的训练是有指导意义的，而优秀运动员则往往超出一般模型的局限而有独特之处。因此，本文认为，再结合生物力学指标进行个案分析，将更具实际意义。

从数理统计的角度讲，尽管几种方法得出了一个大致的结果，但是，几种方法在此例中均表现出一定的缺陷。多元回归分析（无论是回归还是逐步回归）对样本量、因变量与自变量间的关系都是有要求的；灰色关联分析虽反映了指数关系，但不考虑负相关，显然是粗糙的；斜关联分析考虑了关联系数的正负号，但也会出现无法解释的结果。必须肯定的是，尽管样本量较小，其数据背后一定隐藏着某种规律，也许这种规律很复杂。

4 结论

（1）因为样本量小，多元回归的效果较差。

（2）一般而言，样本量小时，用灰色关联分析较好。但是，不考虑负相关的关联分析是有明显缺陷的，而斜关联分析也可能出现费解的结果。

（3）尽管几种方法在本例的分析中均没有得出精细而完美的结果，但显示出了大致的倾向;助跑摸高对跳高成绩的影响最大。这与定性分析的结果相吻合。

（4）当样本量较小时，严格实施标准化测量、对数据进行信度检验是不可省略的。

【思考与练习】

1. 相关系数和回归系数是一回事吗？

2. 下列方程是否病态？

Y 跳远 = 21.66 − 0.58×1（立定三级跳远）+ 0.54×2（30 米跑）+ 0.35×3（助跑摸高）

结合自己的专项，设计一个可用到回归方法的研究设计（或实例）。

第四节　聚类分析

一、基本思想

层次聚类分析是根据观察值（样本）或变量之间的亲疏程度，将最相似的对象结合在一起进行分类。物以类聚，人以群分。

聚类分析的基本思想就是：先将分类对象（指标或样品）各自看成一类，然后选择一个统计量来衡量分类对象的相似程度，根据相似程度的大小先将两两对象聚成一类，然后再两两聚成一类，如此下去，直至所有对象各归为一类为止。它可以单独使用，也可以与其他多元统计分析方法结合使用，如先进行聚类分析，利用全面质量管理进行多元线性回归分析或判别分析。聚类分析方法较其他多元统计方法粗糙，理论上也还不尽完善，但它却能解决许多实际问题，故仍受到人们的重视而广泛应用。

二、分　类

（一）变量聚类

变量聚类也称指标聚类、R 型聚类、Variable 聚类。

把具有共同特点的变量聚在一起。以便可以从不同类中分别选出具有代表性的变量做分析，从而减少分析变量的个数。

（二）样本聚类

样本聚类也称 Q 型聚类、样品聚类、case 聚类。

把具有共同特点的样品（样本、案例）聚在一起。以便对众多的样品（样本、案例）进行分门别类的分析。

三、计算方法

【例 8-1】 对北京地区 18 区县中等职业教育发展水平进行聚类。

聚类的依据是：

X（1）：每万人中职在校生数；

X（2）：每万人中职招生数；

X（3）：每万人中职毕业生数；

X（4）：每万人中职专任教师数；

X（5）：本科以上学校教师占专任教师的比例；

X（6）：高级教师占专任教师的比例；

X（7）：校均在师生数；

X（8）：国家财政预算中职经费占国内生产总值的比例；

X（9）：生均教育经费。

数据如表 8-9 所示。

表 8-9 北京地区中等职业教育发展水平情况表（1999 年）

区县	X（1）	X（2）	X（3）	X（4）	X（5）	X（6）	X（7）	X（8）	X（9）
东城	156	53	45	15	0.507	0.245	701	0.0109	5356
西城	119	42	31	13	0.502	0.331	552	0.0063	6449
崇文	202	72	57	16	0.566	0.193	633	0.0168	5357
…	…	…	…	…	…	…	…	…	…
延庆	78	31	23	5	0.366	0.070	424	0.0039	4677

表 8-10 Q 型聚类结果

Case	东城	西城	崇文	宣武	朝阳	海淀	丰台	石景山	门头沟	房山	昌平	顺义	通县	大兴	平谷	怀柔	密云	延庆
Cluster	2	4	4	4	2	4	4	4	4	2	2	4	1	1	4	1	3	3

表 8-11 方差分析表

	Cluster		Error		F	Sig.
	Mean Square	df	Mean Square	df		
X1	8 802.398	3	1512.125	14	5.821	0.008
X2	585.954	3	174.441	14	3.360	0.049
X3	857.343	3	115.304	14	7.436	0.003
X4	44.315	3	38.679	14	1.146	0.365
X5	0.076	3	0.010	14	7.706	0.003
X6	0.025	3	0.003	14	7.688	0.003
X7	9 913.426	3	7 245.250	14	1.368	0.293
X8	0.969	3	0.261	14	3.713	0.037
X9	7 824 136.315	3	90 315.821	14	86.631	0.000

The F test should be used only for descriptive purposes because the clusters have been chosen to maximize the differences among cases in different clusters. the observed significance levels are not corrected for this and thus cannot be interpreted as tests of the hypothesis that the cluster means are equal.

表 8-12 R 型聚类结果

Variable	X（1）	X（2）	X（3）	X（4）	X（5）	X（6）	X（7）	X（8）	X（9）
Cluser	1	1	1	1	2	2	3	1	2

【示例 1】

2004 欧洲杯 8 强进攻战术 Q 型聚类分析

1 研究对象与方法

1.1 研究对象

以 2004 年 6 月 13 日至 7 月 5 日在葡萄牙举行的欧洲杯 8 强所参加的

全部比赛中（不包括加时赛）所运用的进攻战术（不包括前场定位球射门）作为研究对象。

1.2 研究方法

1.2.1 文献资料法

一泛收集、研读了近十几年来的有关对足球比赛研究的文献资料以及各种专著，为本研究提供理论依据。

1.2.2 专家访谈法

就本课题研究的统计指标选取等问题，走访了有关专家19人次。其中亚足联讲师2人次，足球俱乐部教练员5人次，体育院校专家12人次。从而获得了有关统计指标选取的大量建设性建议和意见，以及有关足球比赛战术运用理论。

1.2.3 调查问卷法

通过发放问卷形式向从事足球教学训练的专家、学者，就所统计的观测指标的有效性进行调查，发放问卷40份，回收40份，回收率为100%。样木含量、回收率达到统计学要求。

1.2.4 录像观察统计法

通过观看全部27场比赛的录像，进行观察分析统计。观察分析统计内容见表1。

1.2.5 数理统计法

运用Q型分层聚类分析方法，通过SPSS12.0软件对观察测量到数据进行定量分析处理。

1.3 统计尺度与测量方法

对在葡萄牙举行的2004年欧洲杯全部27场比赛进行观察测量：

（1）场区的观测。欧洲杯比赛的所有场地都是由明暗相间草皮组合而成的，罚球区有三块，并且点球点落在第二块与第三块的交界处，由此推算每块草皮宽5.5 m，中间草皮共12块，并且各个半场有6块。根据标准足球场长105 m计算，中间长72 m，推算得出每块草皮宽6 m，通过此方法就可以比较准确地确定后场、中场、前场。

（2）20项分析指标的观测尺度。从获得球权开始到射门而结束作为一次进攻；从获得球权开始到在得分区域内失去球权而结束也作为一次进攻。

（3）通过秒表测量一次进攻时间来界定快攻和层次进攻。

表 1 20 项指标简称一全称对照表

简称一全称
后长快——后场抢断球后通过长传发动的快攻，传球次数为 3 次及 3 次以下。
中长快——中场抢断球后通过长传发动的快攻，传球次数为 3 次及 3 次以下。
中短快——中场抢断球后通过短传完成的快攻。
前直快——前场抢断球后通过传球发动的快攻。
中迁快——中场抢断球后通过简练的长、短传结合的迁回快攻，传球次数为 3 次以上。
后迁快——后场抢断球后通过简练的长、短传结合的迁回快攻，传球次数为 3 次以上。
个快攻——抢断球队员以个人带球直捣球门或者个人带球突破后传球给同伴射门。
定快攻——球门球、掷界外球和直、间接任意球发动的快攻。
前层外吊——前场抢断球后通过外 i 韦 i 吊中发动的层次进攻。
前层 5 传——前场抢断球后通过 5 次及 5 次以下传球发动的。
后层 5 传——后场抢断球后通过 5 次及 5 次以上传球发动的进攻层次。
前层 6 传——前场抢断球后通过 6 次及 6 次以上传球发动的。
中层外吊——中场抢断球后通过外 i 韦 i 吊中发动的层次进攻。
中层 5 传——中场抢断球后通过 5 次及 5 次以下传球发动的。
后层 5 传——后场抢断球后通过 5 次及 5 次以下传球发动的进攻层次。
中层 6 传——中场抢断球后通过 6 次及 6 次以上传球发动的。
后层 5 传——后场抢断球后通过 5 次及 5 次以下传球发动的进攻层次。
后层外吊——后场抢断球后通过 5 次及 5 次以下传球发动的。
后层 6 传——后场抢断球后通过 6 次及 6 次以上传球发动的。
定层外吊——定位球进攻时通过外 i 韦 i 吊中发动的层次进攻。
定层 5 传——定位球进攻时通过 5 次及 5 次以下传球发动的
后层 5 传——后场抢断球后通过 5 次及 5 次以下传球发动的进攻层次。
定层 6 传——定位球进攻时通过 6 次及 6 次以上传球发动的
后层 5 传——后场抢断球后通过 5 次及 5 次以下传球发动的进攻层次。

2 结果与分析

2.1 统计指标的选择和确定

2.1.1 统计指标的选择

足球战术是比赛中为了战胜对手，根据主客观实际所采用的个人和集体配合的手段的综合表现。随着一百多年足球运动的发展以及足球比赛规律的要求，现代足球的整体进攻战术已经演变成快攻（快速反击）、层次进攻（阵地进攻）、快攻与阵地进攻之间的平衡战术。进攻战术是一个极为复杂而又高度灵活的动态系统，只有通过定性分析归类研究，才能把动态转变为静态，才能更好地去分析比赛中进攻战术的运用。

图 1 揭示了足球比赛进攻战术运用结构关系，根据此关系得到整体进攻战术的一级结构：获得球权、快攻、层次进攻。获得球权的方式、快攻形式、层次进攻的组织形式和进攻手段就是整体进攻战术的二级结构。根据整体进攻战术的二级结构建立统计条目。获得球权的方式有：前场抢断球、中场抢断球、后场抢断球、定位球获得球权。快攻形式有：守门员获得球权发动的快攻、抢断球后通过传球发动快攻、抢断球后迂回快攻、个人带球发动快攻、定位球发动快攻。层次进攻组织形式：5 次及 5 次以下传球、6 次及 6 次以上传球（根据休斯先生《足球获胜公式》一书中通过 5 次及 5 次以下的传球所进的球占进球数的 7/8 来区分），层次进攻手段：边路传中、远射、个人运球突破射门、中路各种 2 打 1 和 3 打 2 快速配合射门、外围吊中、转移进攻、反越位进攻、前场定位球进攻。

根据整体进攻战术的二级结构建立统计条目：守门员获得球权发动的快攻；个人带球发动快攻；定位球发动快攻；前场抢断球后通过传球发动快攻；中场抢断球后通过传球发动快攻；后场抢断球后通过传球发动快攻；前场抢断球后迂回快攻；中场抢断球后迂回快攻；后场抢断球后迂回快攻；前场抢断球通过 5 次及 5 次以下传球发动的层次进攻；中场抢断球通过 5 次及 5 次以下传球发动的层次进攻；后场抢断球通过 5 次及 5 次以下传球发动的层次进攻；定位球获得球权通过 5 次及 5 次以下传球发动的层次进攻；前场抢断球通过 6 次及 6 次以上传球发动的层次进攻；中场抢断球通

过 6 次及 6 次以上传球发动的层次进攻；后场抢断球通过 6 次及 6 次以上传球发动的层次进攻；定位球获得球权通过 6 次及 6 次以上传球发动的层次进攻。

2.1.2　统计指标的确定

通过文献资料和专家访谈并结合自己的理论分析，对 17 项统计条目进行归纳整理，发现层次进攻中外围吊中是一种特殊的进攻手段，因此综合定性分析最后确定 20 项统计指标（见表 1）。

2.2　统计指标的效度和观测数据的信度

2.2.1　统计指标的效度

通过运用问卷调查法对 40 名足球专家、教练员进行观测指标的效度调查检验。发放问卷 40 份，回收 40 份，回收率为 100%。调查结果如下：认为观测指标非常适合的占 7.2%；认为观测指标比较适合的占 70.6%；认为观测指标一般的占 18.8%；认为观测指标不适合的占 3.4%。经过统计学分析，木研究的观测指标符合有效性原则，认为观测指标有效。

2.2.2　观测数据的信度

测量的可靠性关系到观测数据的信度，即测量受误差影响的大小。木研究不是对研究对象反复多次测量并对所得数据进行信度检验，而是请两位足球方向的研究生和笔者各自对希腊队的 6 场比赛进行观测，然后对 3 人观测所得数据进行 Friedman 和 Kendall 非参数检验[6]，从表 2 中可知，概率 $P = 0.086 > 0.05$，在统计学上对统计指标的观测数据基本上是一致的。观测数据在测量学上是可靠的。

2.3　统计方法

样品聚类在统计学上又称 Q 型聚类，本文采用的是分层聚类法中凝聚方式聚类对样品进行分析。凝聚方式聚类，首先，每个个体自成一类；然后，按照某方法度量所有个体间的亲疏程度，并将其中最"亲密"的个体聚成一小类。形成 n-1 个类：接下来，再次度量剩余个体和小类间的亲疏程度，并将当前最亲密的个体或小类再聚成一类；重复上述过程，不断将所有个体和小类聚集成越来越大的类，直到所有个体聚到一起，形成一个大类为止。

表 2　Test statistics（检验统计量表）

N	3
Kendall′s Wa	0.489
Chi-Square	27.864
df	19
Asymp.sig.	0.086

2.4　观测数据的 Q 型样品聚类分析

表 3　代码与球队对照表

代码	1	2	3	4	5	6	7	8
球队	希腊	葡萄牙	荷兰	捷克	法国	丹麦	英格兰	瑞典

按照表 3 球队对照的顺序用 SPSS 12.0 软件中的分层聚类命令对其 20 项指标数据进行聚类分析，结果见表 4。

表 4　聚类步骤表

阶段	合并类		系数	Appears		Next
	Cluster 1	Cluster 2		Cluster 1	Cluster 2	Stage
1	3	4	1.473	0	0	4
2	7	8	1.582	0	0	4
3	5	6	1.858	0	0	6
4	3	7	1.890	1	2	5
5	2	3	2.590	0	4	6
6	2	5	3.188	5	3	7
7	1	2	3.852	0	6	0

表 5 是聚类结果表，它给出了将 8 个样品聚成 3 类、4 类、5 类时，各类所包含的样品。

8 个球队聚成 3 类时，各类包括的球队如下：

第一类包含的球队有：希腊。

第二类包含的球队有：葡萄牙、荷兰、捷克、英格兰、瑞典。

第三类包含的球队有：法国、丹麦。

8 个球队聚成 4 类时，各类包括的球队如下：

第一类包含的球队有：希腊。

第二类包含的球队有：葡萄牙。

第三类包含的球队有：荷兰、捷克、英格兰、瑞典。

第四类包含的球队有：法国、丹麦。

8 个球队聚成 5 类时，各类包括的球队如下：

第一类包含的球队有：希腊。

第二类包含的球队有：葡萄牙。

第三类包含的球队有：荷兰、捷克。

第四类包含的球队有：法国、丹麦。

第五类包含的球队有：英格兰、瑞典。

表 5　聚类结果

样品	5 类	4 类	3 类
1（希腊）	1	1	1
2（葡萄牙）	2	2	2
3（荷兰）	3	3	2
4（捷克）	3	3	2
5（法国）	4	4	3
6（丹麦）	4	4	3
7（英格兰）	5	3	2
8（瑞典）	5	3	2

综上所述，进行三次聚类分析时，希腊队都是自成单个独立的样品，这说明希腊队在比赛中进攻战术运用有其独特的特点；荷兰、捷克始终

都是处于同一类，表明其进攻战术相似；法国、丹麦也是处于同一类，揭示出法国和丹麦在比赛中的进攻战术运用方面也相似；英格兰、瑞典在 3 次聚类过程中也是同处一类，两者进攻战术运用相似，在聚成 3 类和 4 类时两队又和捷克、荷兰同属于一类，说明英格兰、瑞典在比赛中的进攻战术运用特点和荷兰、捷克有相似之处；葡萄牙在三次聚类时所属类别有所变化，葡萄牙队在三次聚类过程中，只在聚成 3 类时才和其他球队同属于一类，而在聚成 4 类和 5 类时，都是自成单个独立的样品，说明葡萄牙队在比赛中运用进攻战术的时候，有其独特特点，也有和其他球队近似的方面。

3 结论与建议

在 8 强球队中有 3 类进攻战术：捷克、荷兰式进攻战术与法国、丹麦式进攻战术以及英格兰、瑞典式进攻战术；希腊队进攻战术运用自成独立的个体，具有独有的特征；葡萄牙队进攻战术运用与捷克、荷兰、英格兰、瑞典有一定的相近，但也有其独特的风格；在足球的进攻战术运用方面没有固定的"模式"，只有多类的"类型"，要形成本队的战术风格必须根据队员的特长和对手的特点和实力，不能照搬照抄，"教条"运用，有什么样的队员、有什么样的对手，就有什么样的战术特点；根据中国足球运动员的特长和特点建议学习葡萄牙队的进攻战术类型。

【示例 2】

聚类分析方法在地理区域划分中的应用研究

结果与分析：

2.1 专项身体素质指标

对研究对象专项身体素质中的 10 s 冲拳（x1）、10 s 推掌（x2）、10 s 刀剑腕花（x3）、10 s 枪棍舞花（x4）、10 s 正踢腿（x5）、助跑提膝单腿跳（x6）、10 s 仆步穿掌（x7）、10 s 乌龙盘打（x8）、立位体前屈（x9）、坐位踝曲伸（x10）、仆步踝内收（x11）、转肩（x12）、10 s 仰卧"两头起"（x13）、10 s 仰卧单拍脚（x14）、1 min 仆步穿掌-腾空飞脚（x15）共 15 项正式测试指标，对 41 名运动员各身体素质指标进行整理（见表 1）。

表 1　统计指标描述一览表

	x1	x2	x3	x4	x5	x6	x7	x8	x9	x10	x11	x12	x13	x14	x15
$\bar{X}$	39.3	39.5	38.6	23.1	17.0	45.0	7.5	10.7	25.8	72.3	27.2	28.6	15.6	15.4	22.4
S	1.9	1.9	1.8	1.5	1.4	4.1	0.5	0.9	3.0	8.6	3.2	7.5	1.0	1.1	1.5

2.2　典型指标筛选

对指标进行 R 型聚类分析，笔者选用类平均或称组间连接法（Between-groups linkage），选用指标间的皮尔逊相关系数作为聚类统计量进行聚类比较理想。首先对原始数据进行标准化处理，再对相关系数阵取绝对值，把其中绝对值最大的指标聚成新类，新类与其他指标构成相关系数阵，再取绝对值最大指标再聚成新一类，如此反复，直到全部指标聚成一类为止。

表 2　指标间相关系数阵一览表

	x1	x2	x3	x4	x5	x6	x7	x8	x9	x10	x11	x12	x13	x14	x15
x1	1														
x2	0.919	1													
x3	0.879	0.895	1												
x4	0.746	0.785	0.700	1											
x5	0.574	0.595	0.665	0.420	1										
x6	0.448	0.386	0.574	0.355	0.606	1									
x7	0.411	0.367	0.442	0.230	0.516	0.323	1								
x8	0.351	0.376	0.481	0.227	0.558	0.356	0.897	1							
x9	0.449	0.502	0.471	0.393	0.640	0.282	0.418	0.440	1						
x10	0.447	0.500	0.466	0.387	0.643	0.264	0.425	0.442	0.995	1					
x11	0.459	0.504	0.471	0.399	0.643	0.285	0.422	0.438	0.997	0.993	1				
x12	−0.559	−0.604	−0.639	−0.437	−0.798	−0.485	−0.461	−0.466	−0.759	−0.755	−0.754	1			
x13	0.285	0.266	0.235	0.227	0.473	0.233	0.417	0.457	0.482	0.489	0.494	−0.441	1		
x14	0.314	0.315	0.293	0.285	0.612	0.262	0.451	0.478	0.596	0.601	0.603	−0.544	0.867	1	
x15	0.613	0.704	0.664	0.611	0.775	0.527	0.536	0.577	0.683	0.702	0.687	−0.724	0.429	0.546	1

表 3　典型指标及因子名称一览表

指标名称	$\bar{R}^2_1 = \sum r^2_{ij} / (n-1)$	典型指标		因子命名
x1	10 s 冲拳	$\bar{R}_1^2 = 1.733$		上肢动作速度因子
x2	10 s 冲拳	$\bar{R}_2^2 = 1.696$	10 s 冲拳×1	
x3	10 s 刀剑腕花	$\bar{R}_3^2 = 1.649$		
x4	10 s 枪棍舞花	$\bar{R}_4^2 = 1.487$		
x5	10 s 正踢腿		10 s 正踢腿×5	下肢动作速度因子
x6	助跑提膝单脚跳		助跑提膝单脚跳×6	弹跳力因子
x7	10 s 仆步穿掌		10 s 仆步穿掌×7	灵敏性因子
x8	10 s 乌龙盘打			
x9	立位体前屈	$\bar{R}_9^2 = 1.834$		柔韧性因子
x10	坐位踝屈伸	$\bar{R}_{10}^2 = 1.829$	立位体前屈×9	
x11	仆步踝内收	$\bar{R}_{11}^2 = 1.830$		
x12	转肩	$\bar{R}_{12}^2 = 1.513$		
x13	10 s 仰卧"两头起"		10 s 仰卧单拍脚×14	腰腹速度力量因子
x14	10 s 仰卧单拍脚			
x15	1 min 仆步穿掌-腾空飞脚		1 min 仆步穿掌-腾空飞脚×15	速度耐力因子

表 4　筛选指标权重系数一览表

	x1	x5	x6	x7	x9	x14	x15
复相关系数	0.721	0.854	0.650	0.577	0.570	0.698	0.866
其倒数	1.387	1.171	1.538	1.733	1.333	1.433	1.155
权重%	14.2	12.0	15.8	17.8	13.7	14.7	11.8

　　为了进一步验证所建立武术套路运动员专项身体素质指标体系的科学性，对运动员专项身体素质的评价与比赛成绩做相关分析，即以运动员在

比赛中全能成绩名次作为效标,运动员专项身体素质为 $Y = 14.2x_1 + 12.0x_5 + 15.8x_6 + 17.8x_7 + 13.7x_9 + 14.7x_{14} + 11.8x_{15}$(其中 x 为运动员标准分),将运动员专项身体素质得分与其比赛中全能成绩比赛名次做等级相关分析,其相关系数为 $R_s = 0.514$,经检验 $P<0.01$,其相关性具有非常显著意义,因此该研究所建立武术套路运动员专项身体素质指标分类体系最能反映专项特点、有充分代表性和少而精的成套测验指标。

3 结 论

优秀女子武术套路运动员专项身体素质经 R 型聚类分析,它可分为上肢动作速度因子;柔韧性因子;灵敏性因子;腰腹速度力量因子;弹跳力因子;下肢动作速度因子和速度耐力因子,其典型指标分别是 10 s 冲拳 10 s;正踢腿助跑提膝单腿跳 10 s 仆步穿掌立位体前屈、10 s 仰卧单拍脚和 1 min 仆步穿掌腾空飞脚,在身体素质综合评价中其权重大小分别是 14.0%,12.0%,15.8%,17.8%,13.0%,14.7%,11.8%。

【思考与练习】

1. 聚类分析与回分析有什么不同?
2. 举出 2~3 个全聚类分析的案例。
3. 在 Q 型聚类中,指标的方差分析结果(ANOVA)说明什么?

第九章　因子分析

第一节　因子分析的概念及基本思路

一、因子分析的概念

在社会、政治、经济、医学以及体育等领域的研究中，往往需要对反映事物的多个变量进行大量的观察，收集大量的数据以便进行分析，寻找规律，在大多数情况下，许多变量间存在一定的相关关系。因此，有可能用较少的综合指标分析存在于变量中的各类信息，而各综合指标之间彼此是不相关的，代表种类信息的综合称为因子（Factor）。因子分析（Factor Analysis）就是用较少几个因子反映原资料的大部分信息的统计方法。

变量中的种类信息，而各综合指标之间把众多指标，组合成少数几个综合指标，来反映原来众多指标所携带的信息。

二、基本思路

在教育、社会、经济领域的研究中，涉及多个指标（变量）的大量观察，收集大量的数据。在大多数情况下，这些指标间常常不是相互独立的，存在一定的相关关系。如：

（1）体重、肺活量、年龄、身高之间。

（2）某地区的学校数量、学生数量、教师数量、教育经费数量之间　需要简化指标，即把众多指标，组合成少数几个综合指标，来反映原来众多指标所携带的信息。而各个综合指标彼此不相关（即独立），该综合指标称为"因子"（或主成分）。

一个著名的因子分析研究，是美国一统计学家 Stone 在 1947 年关于国民经济的研究，它是根据美国 1927 年到 1938 年的数据，得到 17 个反映国民收入与支出的变量要素，经过因子分析，得到了 3 个新的变量，可以解释 17 个原始变量 97%的信息。根据这 3 个因子变量和 17 个原始变量的关系，Stone 将这 3 个变量命名为：Z1——总收入；Z2——总收入率；Z3——经济发展或衰退的趋势。这样使得问题得到极大的简化。

【例 9-1】 调查小学生的辍学率的影响因素（x1、x2、x3…x21、x22），共 22 个，经过因子分析，缩减为三个因子：F1：宏观经济状况 F2：小学教育资源投入 F3：文化教育水平。

【例 9-2】 对 20 名大学生关于价值观的 9 项测验结果，包括合作性 X1、对分配的看法 X2、行为出发点 X3、工作投入程度 X4、对发展机会的看法 X5、社会地位的看法 X6、权力距离 X7、对职位升迁的态度 X8、领导风格的偏好 X9。

因子分析结果为：F1：社会发展因子，F2：社会合作因子，F3：社会地位因子。

第二节 因子分析的主要作用及特点

一、因子分析的主要作用

在数据统计分析时，会遇到变量特别多的情况，这些变量之间存在着很强的相关关系或者说变量之间存在很强的信息重叠，如果直接对数据进行分析，一方面会使工作量无谓增大，另一方面会出现模型应用错误。于是就需要主成分分析和因子分析，这两者分析方法的基本思路都是在不损失大量信息的前提下，用较少的独立变量来代替原来的变量进行进一步分析。或者说将众多初始变量整合成少数几个相互无关的主成分变量，而这些新的变量尽可能多的包含了初始变量的全部信息，然后用这些新的变量来代替以前的变量进行分析。其主要作用表现在以下几点：

（1）寻找基本结构：用少数因子来反映多数指标的基本结构。

（2）数据简化：因子数量比原来的指标数量少。

（3）划分类型。

（4）解释变量之间的因果关系。

（5）描述变量间的差异。

二、因子分析的特点

（1）因子数量远少于原有指标数量，对因子的分析能够减少分析的工作量。

（2）因子不是对原有变量的取舍，而是根据原始变量的信息进行重新组构，它能够反映原有变量大部分的信息。

（3）因子之间不存在线性相关关系，对变量的分析比较方便。

（4）需要对因子进行命名，即因子名称是对某些原始变量信息的综合和反映。

（5）因子分析中的原始变量地位相同，没有自变量与因变量之分，变量的排列顺序也不会对结果产生实质性影响。

对多变量空间进行最佳综合和简化。即在保证数据信息丢失最少的原则下，对高维变量空间进行降维处理。而在一个低维空间解释分析问题，要比在一个高维系统空间容易得多。

因子分析最初是由心理学家发展起来的，1904 年查尔斯·斯皮尔曼（Charles Spearman）在美国心理学杂志上发表了第一篇有关因子分析的文章。因子分析的本质就是将高维变量空间进行降维处理。英国统计学 Moser Scott 1961 年在对英国 157 年城镇发展水平进行调查时，原始测量的变量有 57 个，而通过因子分析发现，只需要用 5 个新的综合变量（它们是原始变量的线性组合），就可以解释 95%的原始信息。对问题的研究从 57 维度降到 5 个维度，因此，对问题的分析就更加容易了。

第三节　因子分析的数学模型

因子分析的出发点是用较少的相互独立的因子变量来代替原来的大部分信息，可以通过下面的数学模型来表示：

$$\begin{cases} x_1 = a_{11}f_1 + a_{12}f_2 + \cdots + a_{1m}f_m + \varepsilon_1 \\ x_2 = a_{21}f_1 + a_{22}f_2 + \cdots + a_{2m}f_m + \varepsilon_2 \\ \cdots\cdots \\ x_p = a_{p1}f_1 + a_{p2}f_2 + \cdots + a_{pm}f_m + \varepsilon_p \end{cases} \quad (m < p) \qquad （式 9-1）$$

其中 x_1、x_2、$x_3\cdots$、x_p 为 p 个原有变量,是均值为零、标准差为 1 的标准化变量;f_1、f_2、$f_3\cdots$、f_m 为 m 个公因子(Common factors),它们是各个观测所共有的因子,解释了变量间的相关;a_{ij}($i = 1,\cdots\cdots, p$;$j = 1,\cdots\cdots, m$)为各因子载荷(Factor loadings),它们表示第 i 个变量在第 j 个公因子上的载荷。如果把变量 x_1 看成是 m 维因子空间中的一个向量,则 a_{ij} 为 x_i 在坐标轴 f_j 上的投影,相当于多元回归中的标准回归系数;$\varepsilon_1(i = 1,\cdots\cdots, p)$ 为每个原始变量所特有的因子,表示该变量不能被公因子所解释的部分。上述关系表示成矩阵形式为:

$$X = AF + E \qquad （式 9.2）$$

其中 X 为原始变量向量;F 为公因子向量,可以把它们理解为在多维空间中互相垂直的 m 个坐标轴;E 为残差向量,相当于多元分析中的残差部分;A 为因子载荷矩阵,a_{ij} 为因子载荷,即

$$A = \begin{vmatrix} a_{11} & a_{12} & \cdots & a_{1m} \\ a_{21} & a_{22} & \cdots & a_{2m} \\ \vdots & \vdots & \vdots & \vdots \\ a_{p1} & a_{p2} & \cdots & a_{pm} \end{vmatrix} \qquad （式 9-3）$$

因子分析中的几个概念说明:

(1)因子载荷是因子分析模型中最重要的一个统计量,它是连接观测变量与公因子之间的纽带。在各因子不相关的情况下,因子载荷 a_{ij} 就是第 i 个原有变量 x_i 和第 j 个公因子 f_j 的相关系数。因此,a_{ij} 绝对值越大,则公因子 f_j 和原有变量 x_i 关系越强。

(2)原变量 x_i 的共同度 h_i^2。变量共同度,也称为公共方差,反映某个原始观测变量方差中由公因子决定的比例,原有变量 x_i 的共同度为因子载荷矩阵 A 中第 i 行元素的平方和,即

$$h_i^2 = \sum_{j=1}^{m} a_{ij}^{\ 2} \qquad\qquad （式9.4）$$

原有变量 x_i 的方差可以表示成两个部分：h_i^2 和 ε_i^2。第一部分，h_i^2，反映公因子对原有变量的方差能够解释的比例为多少，第二部分 ε_i^2 反映原有变量方差中无法被公因子表示的部分。因此，第一部分 h_i^2 越接近于 1（原有变量 x_i 被标准化的前提下，总方差为 1），说明公因子解释的信息越多。可以通过该值，掌握该变量的信息有多大的比例被保留，同样也可知有多大的比例被丢失了。如果某个原有变量共同度 h_i^2 为 0.8，则说明提取出的公因子能够反映该原始变量（x_i）80%的信息，仅有 20%的信息丢失。丢失的信息是由特殊因子 ε_i 决定的。如果某个原有变量的共同度很小，则说明该原始变量与其他变量的公因子之间关系不密切，也就是说，其他变量间可能没有重要的公共因子，所以应该重新考虑该变量是否能和其他变量一起做因子分析。综上所述可知，各个变量的共同度是衡量因子分析效果的一个重要指标，在进行因子分析时应该逐一地观察每一个原始变量的共同度，只有所有的共同度接近 1 的时候，才能说明该因子分析的效果较好。

（3）公因子 f_j 的方差贡献 g_j^2。

每个公因子对数据的解释能力可以用该因子所解释的总方差来衡量，通常称为该因子的方差贡献，即公因子 f_j 的方差贡献定义为因子载荷 A 中第 j 列各元素的平方和，即：

$$g_i^2 = \sum_{j=1}^{m} a_{ij}^{\ 2} \qquad\qquad （式9.5）$$

公因子 f_j 的方差贡献反映了该因子对所有原始变量总方差的解释能力，其值越高，说明该因子的重要程度越高。

在用主成分分析法（Principal Component analysis）提取因子时，第 j 个初始因子的方差贡献恰好为相关矩阵的第 j 个特征值，即 $g_j^2 = \lambda_j$，所以通常会和主成分分析一样，给出相关矩阵的各个特征值，并计算各个因子的贡献率 g_i^2 / p（其中 p 为初始变量的个数）和前 m 个因子的累计贡献率

$= \sum_{j=1}^{m} g1^2 / p$。所以不用计算载荷矩阵就可以知道各个因子的贡献率,取几个因子时累计贡献率为多少,便于决定取几个因子。在 SPSS 的计算结果中的一个被解释总方差表(Total Variance Explained),方差贡献或特征值栏为"Total"栏,因子贡献率为"% of Varianed"栏,累计贡献率为"Cumulative %"栏。

在实际操作过程中,我们并不知道有几个公因子,一般原则为:撮公因子主要以累计贡献率为参考值(累计方差贡献率≥85%),以特征值为辅助标准(特征值≥1)。

第四节　因子分析的过程

一、原始数据

表 9-1　20 名大学生价值观测验结果

	合作性	分配	出发点	工作投入	发展机会	社会地位	权力距离	职位升迁	领导风格
1	16	16	13	18	16	17	15	16	16
2	18	19	15	16	18	18	18	17	19
…	…	…	…	…	…	…	…	…	…
20	17	17	17	16	19	18	19	20	

二、数据处理

1. KMO 检验和 Barlett 球度检验

KMO 统计量用于比较变量间简单相关和偏相关系数。KMO 的取值范围在 0 和 1 之间。如 KMO 的值越接近于 1,则所有变量之间的简单相关系数平方和远大于偏相关系数平方和,因此越适合于做因子分析。KMO 越小,越不适合做因子分析。

Kaiser 给出了一个 KMO 的标准，以表 9 Ⅱ 为例：

0.9< KMO：非常适合；

0.8< KMO<0.9：适合；

0.7< KMO<0.8：一般；

0.6< KMO<0.7：不太适合；

KMO<0.5：不适合。

表 9 Ⅱ　KMO 检验和 Barlett 球度检验表

Kaiser-Meyer-olkin Measure of Sampling Adequacy		0.564
Bartlett's Test of Sphericity	Approx. Chi-Square	75.435
	df	36
	Sig.	0.000

其中 KMO 值为 0.564，基本适合做因子分析（一般应该在 0.7 以上）。Bartlett 球度检验的相伴概率为 0.000（P < 0.05 = , 因此拒绝 Bartlett 球度检验的零假设，认为适合于因子分析。

2. 因子提取结果

表 9-3　方差被解释的程度

	Initial Eigenvalues			Extraction Sums of Squared Loadings			Rotation Sums of Squared Loadings		
	Total	% of Var	Cum%	Total	% of Var	Cum%	Total	% of Var	Cum%
1	3.575	39.720	39.720	3.575	39.720	39.720	3.237	35.965	35.965
2	1.846	20.512	60.232	1.846	20.512	60.232	2.021	22.458	58.423
3	1.058	11.751	71.983	1.058	11.751	71.983	1.220	13.560	71.983
4	0.831	9.229	81.213						
5	0.670	7.444	88.657						
6	0.515	5.727	94.384						
7	0.249	2.771	97.155						
8	0.178	1.982	99.137						
9	7.766E-02	0.863	100.000						

Extraction Method: Principal Component Analysis.

该表格是因子分析后因子提取和因子旋转的结果。

第一列是因子序号。

第二列是因子变量的方差贡献（特征值），它可衡量因子的重要程度。例如第一行中特征值为 4.987，后面依次减少。第三列是各因子变量的方差贡献率（% of variance），表示该因子的方差占总方差的比例。它的值是第二列的特征值除以总方差的结果。

第四列是因子变量的累计方差贡献率，表示前个因子描述的总方差占总方差的比例。第五列到第七列则是指：提取了 3 个因子后对原变量总体的描述情况。各列数据的含义和前面第二列到第四列相同。可见，提取 3 个因子后，它们反映了原变量的大部分信息（84.39%）。第八列到第十列是旋转以后的结果。各列的含义与第五列到第七列相同。

3. 因子载荷矩阵

（1）旋转前的因子载荷矩阵。

表 9-4　旋转前的因子载荷矩阵

	Component1	Component2	Component3
出发点	0.824	− 0.122	0.246
发展机会	0.784	0.473	− 8.635E-02
职位升迁	0.779	0.230	− 9.201E-02
权力距离	0.762	0.258	− 0.479
领导风格	0.651	0.226	7.795E-02
分配	0.598	− 0.708	0.778
合作性	0.496	− 0.633	− 0.373
工作投入	− 0.225	0.531	3.814E-02
社会地位	0.127	0.504	− 1.342E-02

Extraction Method: Principal Component Analysis.

（2）旋转后的因子载荷矩阵。

表 9-5　旋转后的因子载荷矩阵

	Component1	Component2	Component3
出发点	0.164	0.822	− 6.593E-02
发展机会	0.294	0.789	− 0.396
职位升迁	0.719	0.409	− 0.134
权力距离	8.819E-02	− 0.721	− 0.187
领导风格	0.872	− 1.930E-02	0.288
分配	0.152	− 3.464E-02	0.922
合作性	0.860	− 3.971E-02	− 0.211
工作投入	0.785	0.158	0.142
社会地位	0.678	8.697E-02	− 9.358E-02

Extraction Method: Principal Component Analysis. Ro tation Method: Varimax with Kaiser Normalization. Rotation converged in 5 iteratlons.

4. 因子的读取和命名

F1："社会发展因子"：出发点、发展机会、权力距离、职位迁升、领导风格。F2："社会合作因子"：合作性、分配性、工作投入。F3："社会地位因子"：社会地位。

三、因子得分的计算

公因子确定以后，可以计算每一个样品在各个因子上的得分。因子得分的意义在于可进行样品特征分析。对于一个样品，可分别算出它的 m 个因子的得分，进而评价该样品哪方面较强，哪方面较弱。当然，评价时要注意，有些因子得分越大越好，而有些因子则是越小越好。判断时主要看关系最密切的几个变量值向好的方向变化时，因子得分的值是增大还是减小。

四、因子分析过程

从某大学 19～22 岁年龄组的城市汉族男生中随机抽取 15 人，测得身高（x1，cm）、坐高（x2，cm）、体重（x3，kg）、胸围（x4，cm）、肩宽（x5，cm）和骨盆宽（x6，cm）6项指标，结果列于下表9-6。

表 9-6　数据文件

	身高	坐高	体重	胸围	肩宽	骨盆宽
1	173.29	93.62	60.10	86.72	38.97	27.51
2	172.09	92.38	60.38	87.39	38.62	27.28
3	171.45	92.73	59.74	85.59	38.83	27.46
4	170.08	92.25	58.04	85.92	38.33	27.29
5	170.61	92.36	59.67	87.46	38.38	27.14
6	171.69	92.85	59.44	87.45	38.19	27.10
7	171.45	92.93	58.70	87.06	38.58	27.36
8	171.60	93.38	59.75	88.03	38.68	27.22
9	171.60	92.26	60.50	87.63	38.79	26.63
10	171.16	92.62	58.72	87.11	38.19	27.18
11	170.04	92.17	56.95	88.08	38.24	27.65
12	170.27	91.94	56.00	84.52	37.15	26.81
13	170.61	92.50	57.34	85.61	38.52	27.36
14	171.39	92.44	58.92	85.37	38.83	26.47
15	171.83	92.79	56.85	85.35	38.58	27.03

表 9-7　Descriptive Statistics（描述性统计）

	Mean	Std.Deviation	Analysis N
身高	171.278 0	0.858 50	15
坐高	92.644 7	0.451 06	15
体重	58.740 0	1.408 65	15
胸围	86.619 3	1.125 27	15
肩宽	38.459 3	0.435 62	15
骨盆宽	27.166 0	0.323 79	15

表 9-8　Correlation Matrix（a）（相关系数矩阵）

		身高	坐高	体重	胸围	肩宽	骨盆宽
Correlation	身高	1.000	0.827	0.621	0.163	0.611	0.008
	坐高	0.827	1.000	0.517	0.299	0.584	0.364
	体重	0.621	0.517	1.000	0.546	0.660	− 0.021
	胸围	0.163	0.299	0.546	1.000	0.275	0.311
	肩宽	0.611	0.584	0.66	0.275	1.000	0.129
	骨盆宽	0.008	0.364	− 0.021	0.311	0.129	1.000
sig.（1-tailed）	身高		0.000	0.007	0.281	0.008	
	坐高	0.000		0.024	0.139	0.011	0.091
	体重	0.007	0.024		0.018	0.004	0.47
	胸围	0.281	0.139	0.018		0.160	0.13
	肩宽	0.008	0.011	0.004	0.160		0.323
	骨盆宽	0.488	0.091	0.470	0.130	0.323	

表 9-9　KMO and Bartlett's est（KMO 和巴特利特检验）

Kaiser-Meyer-Olkin Measure of Sampling Adequacy		0.604
Bartlett　s Test of Sphericity	Approx Chi-Square	39.755
	df	15
	sig.	0.000

表 9-10　Total Variance Explained（被解释总方差表）

Component	Initial Eigenvalues			Extraction Sums of Squared Loadings			Rotation Sums of Squared Loadings		
	Total	% of Variance	Cumulative %	Total	% of Variance	Cumulative %	Total	% of Variance	Cumulative %
1	3.155	52.581	52.581	3.155	52.581	52.581	2.66	44.353	44.353
2	1.185	19.746	72.327	1.185	19.746	72.327	1.42	23.637	67.990
3	0.913	15.219	87.546	0.913	15.219	87.546	1.17	19.556	87.546
4	0.456	7.597	95.143						
5	0.200	3.334	98.477						
6	.091	1.523	100.000						

【示例1】

广州市篮球协会实体化研究

表 1 KMO and Bartlett's Test (KMO)及 Bartlett's 检验

KMO 值	Bartlett's 球形检验		
0.618	X² 值 = 1051.851	自由度 = 300	显著性水平 P = 0.00

表 2 因子提取结果（截取特征大于 1 因子）

	F1	F2	F3	F4	F5	F6	F7	F8
未旋转特征值	4.646	3.019	2.277	2.193	1.797	1.480	1.230	1.007
贡献率	18.595	12.075	9.108	8.773	7.190	5.922	4.920	4.029
累计贡献率	18.595	30.670	39.778	48.551	55.741	61.663	66.583	70.612
旋转特征值	3.004	2.864	2.484	2.438	1.856	1.720	1.676	1.610
贡献率	12.017	11.456	9.937	9.752	7.426	6.881	6.704	6.439
累计贡献率	12.017	23.473	33.410	43.162	50.588	57.469	64.173	70.612

表 3 经过旋转（25 次）后的因子载荷矩阵

	F1	F2	F3	F4	F5	F6	F7	F8
X02	0.830	− 0.183						− 0.229
X10	0.626	0.275	− 0.121	0.227				− 0.158
X04	0.616	0.305						
X06	0.602	0.178	0.225		0.378	0.219	0.232	
X11	0.551	0.373			0.313	0.144	− 0.380	
X01	0.537	− 0.134					0.122	− 0.232
X21		0.822			0.119	0.227	0.185	
X05	0.166	0.735		0.229		0.206		− 0.271
X08	0.295	0.709				− 0.129	− 0.126	0.113
X17	0.365	0.672	− 0.390		− 0.167		− 0.249	0.268
X14			0.817			0.144	0.123	
X15			0.783	− 0.191		− 0.181	0.200	
X13		0.211	0.726	0.238	0.110		0.150	
X12	0.198	− 0.148	0.194	0.758	0.155			0.248
X23		0.269		0.744	− 0.153			− 0.184
X03	0.444	0.418	0.104	0.522	− 0.321			
X09	0.181	0.260	− 0.428	0.474	0.158		0.139	0.185

	F1	F2	F3	F4	F5	F6	F7	F8
X16					0.884			
X25		0.315	− 0.108	− 0.211	0.618		0.410	
X19	0.176	0.148	− 0.228	− 0.144	− 0.294	0.724	0.193	
X20	0.237			0.431	0.129	0.669		0.180
X22	− 0.229	0.275	0.284	− 0.242	0.267	0.595		
X18							0.857	2
X24	0.272		0.213	− 0.322		0.332	0.757	
X07		− 0.148			0.126		0.240	0.798

【示例 2】

四川省普通高校开展少数民族传统体育的影响因素分析

2．研究方法

2.1 文献资料法

根据研究的目的和内容，在四川教育网和四川民族学院图书馆"中国知网"上输入"高校民族传统体育"，结果有 17 篇关于高校开展民族传统体育方面的相关资料，通过阅读、咨询专家并初步拟定调查指标体系。

2.2 专家访谈法

根据拟定的指标体系，向 8 所本专科院校的 18 位专家以及从事多年体育教学、训练的专家、教师、学者和管理部门负责人进行走访调查和征求意见。

2.3 问卷调查法

此次调查了 8 所学校（见表 2），每所学校发放学生问卷 50 份，教师问卷 50 份，共回收有效学生问卷 390 份（有效回收率 97.5%），有效教师问卷 300 份（有效回收率 75%）。

为了确保问卷的有效性，特请专家对问卷进行效度检验。问卷的效度是在阅读大量文献资料的基础上，拟订问卷初稿，然后请专家对问卷进行修正和判定。专家效度结果见表 1：

表 1　问卷效度检验基本情况

	职称		评价程度			发送情况	
	教授 （个）	副教授 （个）	有效(份)	基本有效	无效	发送数 （份）	回收数 （份）
数量	15	3	16	2	0	18	18

问卷信度采用裂半法检验，信度系数为 0.89（$P<0.01$），说明具有较高的可靠性。

2.4　数理统计法

除了常规统计之外，还使用因子分析方法对问卷进行统计处理。

2.5　逻辑分析法

对调查中的各级指标进行整理和逻辑分析，结合省内实际，通过推理分析，对解决四川省普通高校开展少数民族体育运动项目提出科学而合理的建议。

3.结果与分析

3.1 四川省普通高校少数民族传统体育项目课程设置情况与分析

表 2　四川普通高校少数民族传统体育项目开展情况

	四川民族学院	阿坝师专	西昌学院	西南民族大学	成都理工大学	四川大学	绵阳师院	宜宾学院	合计	比率（%）
板鞋竞速	√	√	√	√				√	5	62.5
民族体育舞蹈	√	√		√	√				3	37.5
珍珠球	√	√		√			√	√	5	62.5
高脚竞速	√	√		√					3	37.5
蹴球	√	√	√				√		3	37.5
射弩	√		√						2	25
毽球				√	√	√			3	37.5
民族摔跤		√							1	12.5

	四川民族学院	阿坝师专	西昌学院	西南民族大学	成都理工大学	四川大学	绵阳师院	宜宾学院	合计	比率（%）
龙舟									0	
抢花炮									0	
荡秋千							√	√	2	25
打陀螺	√					√			2	25
舞龙舞狮							√	√	2	25
合 计	7	5	3	5	2	2	4	4		

注："√"为已开展项目。表中第二行的"62.5%"＝5/8所学校，其他类推。

　　根据表2统计得知，四川省普通高校对少数民族传统体育项目从总体上来说开展得较差。由于全国范围内民族传统体育教育趋势缓慢，部分高校只将民族传统体育放在课外活动中作为培养学生的兴趣、爱好，并没有纳入教学内容。受到资金、场地、器材、师资力量等诸多因素的制约，相对开展得较好的也只有珍珠球、高脚竞速、板鞋竞速、蹴球和民族体育舞蹈等5项，所调查的8所院校中项目开设率最高为46%，还不到一半；龙舟运动和抢花炮甚至于没有一所学校开展；在各校所开设的少数民族传统体育项目中，开设比例稍微高一点的项目如：射弩、板鞋竞速、高脚竞速、蹴球、民族摔跤、打陀螺、珍珠球等均为四川省或全国少数民族运动会比赛项目。说明各高校对把少数民族传统体育运动项目纳入学校体育教学内容还没有达到一个较高的认识程度。

3.2 影响四川省高校少数民族体育运动开展的因子分析

　　通过20项影响因素对少数民族传统体育的作用程度的判定结果,用因子分析统计方法综合出不同作用程度的因子,以便进行深入分析。

　　经检验经 KMO 检验（KMO＝0.884）和 Bartlett's 球性检验（P<0.01），说明数据适合作因子分析。方差解释如表3。

表 3　KMO 检验和巴莱特球度检验

KMO 检验		0.844
巴莱特球度检验	近似卡方值	3000.83
	自由度	190
	P 值	0.000

表 4　总的方差解释

因子	旋转后的载荷平方和		
	合计	方差的%	累积%
1	3.47	17.35	17.35
2	3.408	17.038	34.39
3	3.408	13.633	48.023
4	1.963	9.813	57.836
5	1.579	7.897	65.734

通过主成分分析法和碎石检测准则，提取方差特征值大于 1 的，共有 5 个公共因子，采用方差极大化原则对因子载荷矩阵进行正交变换，根据旋转的因子载荷矩阵中各主因子轴中因子载荷较高的指标进行因子命名。使用 SPSS 处理数据得到表 5。由表 5 可判断出 5 个因子具体包括哪些题目，表 6 是对表 5 的综合并根据每个因子包含的题目共性对其本身进行了命名。

表 5　旋转后因子载荷矩阵

	F1	F2	F3	F4	F5
17	0.815				
18	0.706				
9	0.685				
20	0.670				

	F1	F2	F3	F4	F5
4	0.546				
13	0.486				
12		0.894			
8		0.861			
7		0.812			
19		0.767			
6		0.621			
16			0.813		
3			0.767		
5			0.717		
10			0.574		
11				0.722	
1				0.712	
14				0.533	
2					0.798
15					0.787

表 6　因子命名表

因子名称	因子内涵
体育物质因子	第 4（经费）、9（场地数量）、17（管理）、18（课程安排）、20（场地质量）、13（能力）
教师因子	第 6（有无）、7（数量）、8（学历、职称）、12（专业度）、19（积极性）
学生因子	第 3（民族）、5（性别）、10（年级）、16（体质）
体育文化因子	第 1（社团活动）、11（宣传）、14（体育名人）
外部环境因子	第 2（体育竞赛）、15（政策扶持）

3.2.1 体育设施因子分析

表7　四川省普通高校对少数民族传统体育项目设施设备建设情况调查（N=8）

	场地建设	器材购置	二者同时建设
愿意投入的学校	2（25%）	3（37.5%）	3（37.5%）
不愿意投入的学校	2（25%）	4（50%）	2（25%）
少量投入的学校	3（37.5%）	2（25%）	3（37.5%）

从因子1可以看出，体育物质因子包括：经费、场地数量、管理、课程安排、场地质量等5个主要因素，这些因素是与相关部门、领导观念和国家扶持政策息息相关的。如何处理好三者之间的关系，是能否较好开展高校民族传统体育的关键。根据表7统计得知：四川省普通高校整体上对少数民族体育运动场地、器材建设的投入力度较差；愿意投入的学校不多，不愿意投入的学校也不多，而多数学校都只愿意少量投入建设，这种情况对民族体育运动项目的传承和发展有着极大的影响；对落实教育部关于《高校教育教学体制改革》和我国全民健身计划的实施也起着积极的影响。调查表明：形成以上状况的主要原因有以下两种：一是观念不同，对民族体育的认识不到位。二是由于目前民族体育体育场地、器材建设的费用高，消耗量大。

3.2.2 教师因子分析

表8　四川省普通高校从事少数民族传统体育项目教学师资情况（N=300）

	学历		职称			
	本科生	研究生	教授	副教授	讲师	助教
民族体育专业	12（85.71）	2（14.29）	2（14.29）	2（14.29）	4（28.57）	6（42.86）
非民族体育专业	187（65.38）	99（34.62）	6（2.10）	12（4.20）	162（56.64）	106（32.52）
合计	199（66.33）	101（33.67）	8（2.67）	14（4.67）	166（55.33）	112（37.33）

从因子2可以看出，教师因子包括：有无、数量、（学历、职称）、专业度和积极性5个因素。学校广泛开展民族传统体育教学是时代的要求，是民族文化发展到一定阶段的必然趋势，而民族传统体育具有风格各异、技术差异比较大的特点。如何激发学生的兴趣，什么样的教学方法可以使一些个体有差异的学生消除顾虑，克服心理障碍，体验成功和快乐体育的感觉，并为终身体育打下良好的基础。由于民族传统体育具有集趣味性、娱乐性、健身性于一体的功能。所以，教师根据教材的内容形式，以及学生的掌握情况运用一定的教学方式，有利于学生对技术的进一步掌握和提高，有助于学生对技战术的理解和合理运用。教学是教师的教和学生的学，是双边活动，是相互依赖，协调发展的；因而教师因子中任何一个因子缺失，都不是完美的教学。根据表8统计得知，四川省普通高校民族传统体育专业师资建设严重滞后，民族体育专业教师仅为14人，所占比例仅为 4.67%，可见虽然学历结构还可以，但是专业人才严重短缺，职称结构失衡；学校从事民族传统体育研究的高级人才极少，副高级以上职称人数仅为22，仅占到总体的7.33%，可见学校教师队伍建设还有待进一步提高。应加强四川高校少数民族传统体育专业师资队伍建设，加快民族传统体育师资的培训步伐，拓宽培训渠道，使其尽快提高教师的政治和业务素质，特别是基础理论水平和民族传统体育项目的技术和技能。

3.2.3 学生因子分析

表9　四川省普通高校大学生参与少数民族体育项目的程度调查（N＝390）

喜欢程度	总人数（390）	男生（260）	女生（130）	汉族（192）	少数民族（198）
喜欢	317（81.25）	211（81.15）	94（72.31）	171（89.06）	173（87.37）
不喜欢	37（9.5）	21（8.08）	16（12.31）	9（4.69）	13（6.57）
无所谓	36（9.25）	28（10.77）	20（15.38）	12（6.25）	12（6.06）

从因子3可以看出，学生因子包括：民族、性别、年级、体质状况等4个主要因素。运动动机是激励学生参加体育锻炼的内在动力，往往以兴趣和愿望的形式表现出来，而运动兴趣在运动动机中是最重要的成分，学

生运动兴趣如何，对其参与体育学习和体育活动的影响特别大。

从表 9 可以看出，390 份有效问卷中，喜欢少数民族体育项目的学生占总体的 81.25%，不喜欢的只占 9.5%，还有 9.25% 的学生觉得无所谓，说明在普通高校大学生中，愿意参与民族传统体育运动项目的人较多，积极性也较高，而不喜欢少数民族传统体育运动项目的学生很少，这对培养当代大学生的民族体育意识，培养他们的终身体育思想具有积极的影响。同时，由于民族体育项目具有极强的民族性、历史性、地域性、参与性、娱乐性和健身性，在学校体育活动中深受广大学生的喜欢，它没有男女、性别、民族之分。当然，由于思想观念、活动能力和参与程度等因素，有少部分学生觉得参加与不参加都无所谓，只有极少部分学生不愿意参加任何体育活动。总的来说，当代大学生对民族传统体育的作用、特点和功能都有了更进一步的正确认识。在活动项目上尽量满足学生的兴趣要求，丰富活动内容，充分调动社会力量，广泛利用社会资源，开创更多体育活动平台，更好地增强学生终身体育意识和全民健身意识。

3.2.4 体育文化因子

从因子 4 可以看出，体育文化因子包括：社团活动、宣传、体育名人等 3 个主要因子，民俗体育文化对于体育功能调整的作用是巨大的。符合人类社会发展方向、能够体现人类发展需求的先进文化，是开展民俗体育活动的重要推动力，反之，则会成为巨大的阻力。一个地区的体育文化氛围势必会影响当地民俗体育的发展。学校的社团活动是学校体育文化氛围的再造者；学校体育文化就靠学生自发性的、社团、俱乐部、学校组织和体育名人的带动。由于俱乐部的活动性质与组织形式有较大的自由空间和娱乐性，学生可根据自己的特长和兴趣选择喜爱的民族传统体育项目，使他们在锻炼中了解民族传统体育文化，掌握练习的方法及法规。

3.2.5 外部环境因子分析

从因子 5 可以看出，外部环境因子包括：体育竞赛、重视程度、政策扶持等 3 个主要因素。目前，四川省现有的运动会影响力比较大的有每四年一届的四川省少数民族体育运动会、每四年一届的国家少数民族体育运动会；各学校，各市之间的运动会还有待加强和多增加民族体育项目内容；而有关部门、相关领导应加强对民族体育的重视度，并最大限度地争取和利用国家扶持政策，加大对民族体育的建设力度。

4．结论

（1）观念陈旧，整体上还没有形成共识， 缺乏政策保障；没有摆正教学地位、没有形成完整的教学体系。

（2）影响四川省普通高校少数民族传统体育开展的主要因子从强到弱的顺序是：体育物质因子，教师因子，学生因子，体育文化因子，外部环境因子。

（3）各高校民族传统体育专业教师队伍力量薄弱，专业性不强。

（4）多数学校认为：目前，开展少数民族传统体育项目的成本太高，耗资太大，因而不愿意做更多的投入。

表9-11 因子分类、命名表

主成分（贡献率%）	指标名称（X1—X25）
F1、社会环境因子	X02 当地政府对篮球运动的支持程度；X10 当地篮球文化氛围；X04 当地人均收入水平；X06 个人在篮球运动的经济投入；X11 当地篮球竞技水平；X01 当地政府对协会的重视程度；
F2、协会建设因子	X21 协会人员的来源；X05 当地篮球产业的发展水平；X08 当地篮球群众基础；X17 协会的固定资产；
F3、协会运作因子	X14 协会的管理制度；X15 协会的组织运作效率；X13 协会自身的宣传力度；
F4、社会影响因子（建议改为基础因子）	X12 当地媒体对篮球运动的宣传力度；X23 协会经费来源比例；X03 当地经济水平；X09 当地篮球场地设施；
F5、规划与经济造血因子（发展因子）	X16 协会的发展规划；X25 协会自我经济造血能力；
F6、工作人员的构成和激励因子（人员结构因子）	X19 专、兼职人员的比例；X20 人员的年龄结构；X22 员工的激励政策
F7、经费效率与阅历因子（潜力因子）	X18 协会人员的阅历；X24 经费的使用效率
F8、社区投入因子（社区协助因子）	X07 社区对篮球运动的经济投入

从因子分类的结果看，第一主成分为"社会环境因子"，其实是指广州篮球

运动发展的大环境——"社会环境"，它包含6个指标（见表10）。

一项体育运动、一个体育协会是否得到政府的引导、支持，其发展程度会有明显的区别。现阶段，当地篮球竞技水平是其篮球运动发展的标志，水平的提高自然会扩大篮球运动自身的影响力，引起政府、媒体的关注，从而带动相关篮球产业的发展，那么协会有待开发的篮球市场必然会越来越大；对于篮球文化的理解，各学者持有不同的意见，其中李元伟在首届中国"篮球文化论坛"会议上指出："篮球文化的实质是篮球的人化和化人，它至少包括篮球竞赛文化、篮球娱乐文化、篮球观赏文化、篮球历史文化、篮球用品文化 5 个方面。"篮球文化是推动篮球运动可持续发展的实际需要。一个项目是否能够实现可持续发展，说到底，取决于项目的社会基础和市场基础。而项目的社会基础和市场基础如何能够取得有效地扩展，又取决于项目是否具有亲和力、感召力和影响力。在 2005 年全国篮球工作会议中总结指出："没有文化的篮球是缺少底蕴、没有内涵和品位的篮球，没有文化的篮球是缺乏亲和力和影响力的篮球，没有文化的篮球也一定是缺乏动力、魅力、竞争力的篮球。"所以，当地的篮球独特的文化氛围必然会影响协会的实体化的发展。

…………

第五因子（F5）为"规划与造血因子"。主要体现协会的发展规划和自我经济造血能力两个方面。有研究表明体育社团实体化的生存层次，可以分为：①难以为继；②一般维持；③在维持的基础上，有一定的发展，如捐赠资助式的维持发展；④可成立公司或公司化的营运，有较大的发展。广州市篮球协会在现有的条件下，根据自身的发展层次，详细制定发展蓝图变得尤为重要。为了评价体育社团经济实体化进程，许仲槐等提出了体育社团自身收入经济实体化指数（经济实体化指数＝社团自身经济收入金额÷总收入金额），从中可以看出，体育社团的经济造血能力对单项体育协会实体化进程的重要性。

【思考与练习】

1. 因子分析与回归分析有什么不同?
2. 因子分析与聚类分析有什么不同?
3. 设计出 $1\sim2$ 个可用因子分析方法的研究案例。

第十章 判别分析、灰色理论

第一节 判别分析的基本思路及与 Q 型聚类的异同点

尽管判别分析与聚类分析都是比较常用的分析方法，但是，二者考虑问题的出发点却截然不同。聚类分析是直接比较各事物之间的性质，将性质相近的归为一类，将性质差别较大的归入不同的类。判别分析则是根据已知类别的事物性质，利用某种技术建立函数式，然后对未知类别的新事物进行判断以将之归入已知的类别中。差别分析在运用选材、体育评价等领域有重要的应用。

一、判别分析的基本思路

判别分析的实现需要依赖于已知的观测数据，这些观测数据应该具有明确的数据分类，然后根据这些观测数据，通过判别分析，建立判别函数对数据进行分类，使数据的错判率最低，然后根据建立的判别函数可以实现对未知分类数据的所属类别的判断。例如我们要对某市空气质量进行评判，首先需要测定影响空气质量的相关变量，然后根据已有的历史数据中对空气质量的评定，即在一定的影响空气质量的变量下及空气的质量等级的已知数据，建立判别函数，实现对未知空气质量的评级。

先分析和解释已分组的案例（或个体）的指标特征之间的差异，建立判别函数（或判别方程）以判别函数为依据，对未分组或已分组的案例（或个体）进行判别或验证。

二、判别分析与 Q 型聚类的异同

（一）与 Q 型聚类的相同点

与样本聚类分析一样，对个体进行分类的一种方法。

（二）与 Q 型聚类的不同点

Q 型聚类中，样本类别是事先未知的；判别分析中，样本类别是事先已知的。在聚类分析中一般人们事先并不知道不明确应该分成几类，完全根据数据来确定。而在判别分析中，至少有一个已经明确知道类别的"训练样本"，利用"训练样本"，就可以建立类别判别准则（函数或方程），以此来判别或验证未知类别或已知样本的类别。

1. 基本思想不同

（1）聚类分析的基本思想。根据相似性（亲疏关系），具体找出一些能够度量样品或指标之间相似程度的统计量，把一些相似程度较大的样品或指标聚合为一类，把另外一些相似较小的一些样品或指标聚合为另一类；关系密切的聚合到一个小的分类单位，关系疏远的聚合到一个大的分类单位，直到把所有的样品或指标聚合完毕。

（2）判别分析的基本思想。对已经分类的数据建立由数值指标构成的分类规则即差别函数，然后把这样的规则运用到未知分类的样品去分类。

2. 研究的目的不同

虽然都是研究分类的，但在进行聚类分析前，不知道总体到底有几种类型（研究分几类较为合适需要在计算中加以调整）；判别分析则是在总体类型划分已知的前提下，对当前新样品判断它们属于哪个总体。

3. 聚类分析的类型

Q 型聚类（对样本的聚类）和 R 型聚类（对变量的聚类）。聚类需要注意的是：一般小样本数据可以用系统聚类法，大样本数据一般用快速聚类法（K 均值聚类法），当研究因素既有分类变量又有计量变量时，可以用两步聚类。

4. 判别分析

判别分析有 Fisher 判别、Bayes 判别和逐步判别。一般用 Fisher 判别即可。要考虑概率及误判损失最小的用 Bayes 判别，但变量较多时，一般先进行逐步判别，筛选出有统计意义的变量，再结合实际情况选择用哪种判别方法。

5. 聚类与判别

聚类是没有方程的，而判别分析是有方程（函数）的。

有时两者联合应用，先聚类，根据专业确定几类，然后建立判别模型进行判别。

第二节　判别分析概述

从统计的角度来看，判别分析可以描述为：已知有 K 个总体，现有样本 y，要根据这 k 个总体和当前样本的特征，判定该样本 y 属于哪一个总体。其主要工作是根据对已知总体的理解，建立判别规则（又称判别函数），然后根据该判别规则对新的样本属于哪个总体做出判断。

判别分析在现实中有着广泛的应用。例如，在金融业，根据客户的信息对其信用等级的分类；在人力部门，根据已有的员工类别及特征对求职者进行相应的分类；在医学上，根据临床特征对是否染上某种疾病做出诊断；在市场营销上，根据调查资料来判断下个时间段（月、季度或年）产品是滞销、平常还是畅销；在环境科学上，根据大气中各种颗粒的指标来判断地区是严重污染、中度污染还是无污染；在体育运动科学中，根据运动员的各项生理指标及运动指标判断运动员适合短跑竞技还是长跑竞技，等等。

判别分析是一种多元统计方法。在判别分析中，往往需要研究考查对象的多个指标或变量，也就是说要有多个判别变量，才能建立合理的判别规则，即判别函数。例如在上面信用卡的例子中，要正确地判定信用等级，往往需要研究持卡人的职业、年龄、收入、交易历史等多个信息。

一、判别分析的假设条件

进行判别分析会涉及下述假设条件，但并不是说，这些假设条件不满足，就一定不能进行判别分析了，而是要根据这些假设条件来选择合适的分析方法，或者是通过这些假设条件来了解它们对判别函数或判别效果产生的影响。

每一个判别变量都不能是其他判别变量的线性组合。当一个判别变量与另外一个判别变量高度相关时，虽然能求解，但是误差将会很大。各判别变量之间具有多元正态分布，即每个变量对于其他变量的固定值有正态分布。当多元正态分布假设满足时，可以使用参数方法，反之，则可以使用非参数方法，例如本章后面会提到的核方法和近邻法。在多元正态假设条件满足的前提下，使用参数法可以计算出判别函数。更进一步，如果已知类别里变量的协方差矩阵相等，那么判别函数为一次函数；反之，判别函数为二次函数。

二、判别分析常见的方法

判别分析常见的方法有距离判别、Bayes 判别和 Fisher 判别法等。理解判别上述几种判别分析方法的思想原理对于正确设定判别分析过程步中的选项是很有帮助的。

1. 距离判别

距离判别是最简单、也是最基本的判别方法，其基本思想是根据样本和不同总体的距离判定该样品所属的类别。样本和总体的距离由距离函数来度量。

【例 10-1】 现有生产同一产品的两台设备 A 和 B，设备 A 生产出的产品的平均寿命 $\mu_A = 8$（年），方差 $\sigma_A^2 = 0.25$，设备 B 生产出来的产品的平均寿命 $\mu_B = 7.5$（年），方差 $\sigma_B^2 = 4$。现有一产品 X，经测试得到该产品的寿命为 7.8（年），欲判断该产品是设备 A 生产的还是设备 B 生产的。从直观上看，X 与 μ_A 之间的距离较 X 与 μ_B 之间的距离小。但是，设备 B 生产出来的产品寿命的稳定性差：$\sigma_A^2 < \sigma_B^2$，从另外一个角度上说，由设备 B 生产的产品寿命的分散性更高，分散性越高意味着产品的寿命离平均距离越远，从这个角度上看，X 更有可能属于设备 B 生产出来的。为了将距离和离散性结合起来考虑，定义距离函数如下：

$$d^2(x) = \frac{(x-\mu)^2}{\sigma^2}$$

由此，可以计算出 X 与设备 A 的距离 $d_A^2(X) = \frac{(x-\mu_A)^2}{\sigma_A^2} = 0.16$，同理，$X$ 与设备 B 的距离 $d_B^2(X) = \frac{(x-\mu_B)^2}{\sigma_B^2} = 0.0225$。

进一步，可以定义判别函数，判别规则如下：

如果 $W(X) < 0$，那么 X 与 B 的距离较近，进而认为 X 是由设备 B 生产的；

如果 $W(X) >= 0$，那么认为 X 是设备 A 生产的。

根据上述规则，由于 $W(X) < 0$，因此可以判定 X 属于 B 类设备生产的产品。

这种将距离和分散性结合起来考虑的方法也称马氏距离（Mahalanobis Distance），该距离由印度数学家 Mahalanobis 于 1936 年基于协方差矩阵提出。假设总体 G =（G1，G2，...，Gk）为 m 维（考察的类别有 k 个，对应 k 个类别的子总体为 Gk，指标有 m 个），均值向量，协方差矩阵为，那么样本与总体 G 的定义为马氏距离。

马氏距离是最常见的距离函数之一，也是 SAS 用于判别分析过程步的选项之一。根据马氏距离定义的判别函数 W（X）为线性函数或二次函数：

当 G1，G2，...，Gk 的协方差矩阵相等时，W（X）为线性函数。

当 G1，G2，...，Gk 的协方差矩阵不全相等时，W（X）为二次函数。

2. Bayes 判别法

距离判别法简单、实用，但是该方法也有缺点：

未考虑各个总体的分布，以及样本出现在各个 G1，G2，...，Gk 总体的概率（该概率在判别分析前出现，也称先验概率）。没有考虑错判造成的损失。

Bayes 判别法正是为了解决上述缺点而提出的。它将 Bayes 统计思想用在了判别分析上：假设已知样本出现在各个总体 Gi 的概率即先验概率 P（Gi），在此基础上根据样本的信息，确定所观察到的样本属于各个总体 Gi 的概率（即后验概率）。该判别法根据后验概率对样本进行归类。

以下两种情形计算出来的判别函数是一致的：

（1）在 Bayes 判别法中，考虑错判造成的损失均等。

（2）马氏判别法中，考虑先验概率以及协方差矩阵不全相等。

因此，Bayes 判别法中的距离函数可以看作是马氏距离的推广。在 SAS 判别分析的过程步的输出结果中，又将上述推广的马氏距离称为广义平方距离。

使用 Bayes 方法需要提前输入先验概率。常见的先验概率有以下几种：

（1）等概率。

（2）概率与样本容量成比例。

（3）根据历史资料与经验进行估计。

3. Fisher 判别法

Fisher 判别法的基本思想是投影，具体地说，就是将 k 维数据投影到某一个方向，使得投影后类间的差异最大。在判定类间差异的问题上，Fisher 借鉴了一元方差的基本思想。由于 Fisher 判别法对总体的分布没有任何要求，因此该判别法也被称为典型判别法。

为了更好地理解 Fisher 判别法，现在考虑两类总体的判别。如图 10.1 所示，训练样本有两个类别，若将其沿着坐标的 X 或 Y 方向投影，它们之间的区别都不是很显著（在实际计算中，可以通过不同类别间均值差异来衡量区分效果）。可是如果将坐标旋转至 $X'Y'$ 方向，将样本沿着 X' 方向投影于 Y' 轴上，可以看出，投影后类别间的区分效果就比较好了。

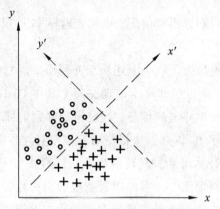

图 10.1　两类总体的 Fisher 判别

把上述过程推广到多维的情形。在多维的情形下，好的投影是使得变换（即几何上的旋转坐标轴）后同类别的点尽可能在一起，不同类别的样本点尽可能分离。Fisher 判别法的实质是在寻找一个最能反映类与类之间差异的投影方向，即线性判别函数。一个好的线形判别函数 $U(X) = C'X$，在 k 个总体 G1，G2，…，Gk 中去求均值，所得到的 k 个值，应当有较大的离差，这就是 Fisher 准则。这里，离差的意义如下：

$$\frac{\sum_{i=1}^{k}[E_i(C'X) - \frac{1}{k}\sum_{i=1}^{k}E_i(C'X)^2]}{\sum_{i=1}^{k}D_t(C'X)}$$

其中，为来自 k 个总体的样本（即来自这些总体的一维或多维随机向量）；Ei 和 Di 表示在第 i 个总体中的均值和方差。

当确定线形判别函数 $U(X)$ 之后，计算 $U(X)$ 到各个总体的距离，判定为来自距离最小的那个总体。

当训练样本数据集中的类数太多时，一个判别函数可能不能很好地区别类别，这时候就需要寻找第二个甚至更多的判别函数。一般认为，当前所有的判别函数的效率达到 85%以上即可。

三、举 例

1．表 述

为了判别少年运动员适合练习蛙泳还是仰泳，可测试一些蛙泳运动员和仰泳运动员的若干项（例如 6 项）指标，建立判别规则（即判别方程）。

（1）判别被测试的运动员的分类是否准确（验证）；

（2）以后有新的少年游泳运动员时，可以根据这些指标（判别变量），用该判别规则（方程）来判别其适合练蛙泳还是练仰泳。（判别）

2．原始数据

表 10-1　原始数据表

	Y	X1	X2	X3	X4	X5	X6
1	健将	…	…	…	…	…	…
2	一级	…	…	…	…	…	…
…	…	…	…	…	…	…	…
110	二级	…	…	…	…	…	…

3．判别函数

健将 $= b_{10} + b_{11}X_1 + b_{12}X_2 + b_{13}X_3 + b_{14}X_4 + b_{15}X_5 + b_{16}X_6$

一级 $= b_{20} + b_{21}X_1 + b_{10}X_2 + b_{23}X_3 + b_{24}X_4 + b_{25}X_5 + b_{26}X_6$

二级 $= b_{30} + b_{31}X_1 + b_{32}X_2 + b_{33}X_3 + b_{34}X_4 + b_{35}X_5 + b_{36}X_6$

常数

判别系数

4. 判别结果（分类结果，即内部验证）（如表 10-2 所示）

表 10-2　判别结果

		Predicted group membership			
		健将	一级	二级	Total
Original	健将	23	1	1	25
Count	一级	0	13	2	15
	二级	0	1	8	9
%	健将	92.0	4.0	4.0	100
	一级	0.0	86.7	13.3	100
	二级	0.0	11.1	88.9	100

89.8%（5/49）of original grouped cases correctly classified.

三、线性判别的前提

（1）总体服从多元正态（因此，n 不能太少）。

（2）各类总体的协差阵相等（Box's　M 检验　sig.>0.05，说明各类的总体协差阵相同）。

四、线性判别的准则

（1）Bayes 准则。

（2）Fisher 准则。

第三节　逐步判别及判别验证

一、逐步判别

（一）基本思想

只有在分类或判别中有显著性作用的变量才进入判别函数，作用不显著的变量被剔除。

（二）逐步判别函数

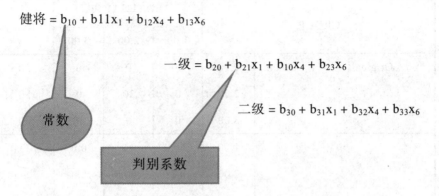

健将 $= b_{10} + b11x_1 + b_{12}x_4 + b_{13}x_6$

一级 $= b_{20} + b_{21}x_1 + b_{10}x_4 + b_{23}x_6$

二级 $= b_{30} + b_{31}x_1 + b_{32}x_4 + b_{33}x_6$

常数

判别系数

（三）判别结果（分类结果，即内部验证）

表10-3　判别结果

		Predicted group membership			
		健将	一级	二级	Total
Original	健将	23	1	1	25
Count	一级	0	13	2	15
	二级	0	1	8	9
%	健将	92.0	4.0	4.0	100
	一级	0.0	86.7	13.3	100
	二级	0.0	11.1	88.9	100

二、判别验证

（1）内部验证：以所建立的判别方程对参与建立判别方程的样本进行判别，其判别结果与实际所属类别的符合程度。

（2）外推验证：样本分两部分：一部分用于建立判别方程，然后用该方程对另一部分样本进行逐个判别，观察判别的符合率。

（3）交叉验证（刀切法）：在含量为 n 的样本中，对每一个个体（样品），用除该个体（样品）之外的 $n-1$ 个个体（样品）建立判别方程对其进行判别，并观察判别分类与实际所属类别的符合率。

Classification Results[b,c]

GROUP			Predicted group membership			Total
			1.00	2.00	3.00	
Original	Count	1.00	30	0	0	30
		2.00	0	30	0	30
		3.00	0	0	30	30
	%	1.00	100.0	0.0	0.0	100.0
		2.00	0.0	100.0	0.0	100.0
		3.00	0.0	0.0	100.0	100.0
Cross-validated[a]	Count	1.00	30	0	0	30
		2.00	0	30	0	30
		3.00	0	0	30	30
	%	1.00	100.0	0.0	0.0	100.0
		2.00	0.0	100.0	0.0	100.0
		3.00	0.0	0.0	100.0	100.0

a. Cross validation is done only for those cases in the analysis. In cross validation, each case is classified by the functions derived from all cases other than that case.

b. 100.0% of original grouped cases correctly classified.

c. 100.0% of cross-validated grouped cases correctly classified.

【示例】

用多组逐步判别分析法对城乡学生体质年龄特征的研究

1.1 研究对象

广东省 1995 年城乡 7-10 岁小学男生和 19-22 岁大学男生，16 个年龄组 100 人，共 1600 人。

每一组的判别函数：$Y = -2.0794 + C_0 + C_2 + C_3 + C_6 + + C_6 + C_9 + C_9 + C_{12} + C_{12} + C_{13} \times X_{13}$

表1　19~22岁大学男生各组的判别函数系数

组　名		C_0	C_2	C_3	C_6	C_9	C_{12}	C_{13}
19岁	城	−884.758 3	37.937 4	1.217 4	5.158 7	64.043 4	0.440 1	0.814 2
	乡	−869.406 5	37.832 0	1.214 1	5.075 0	64.688 7	0.417 2	0.822 6
20岁	城	−873.539 8	38.420 8	1.168 2	5.136 8	63.175 7	0.450 6	0.788 5
	乡	−866.836 3	38.325 8	1.203 0	5.068 9	64.692 9	0.406 3	0.804 9
21岁	城	−876.255 3	37.955 0	1.186 9	5.151 2	63.544 8	0.442 3	0.752 2
	乡	−862.215 8	38.079 1	1.181 8	5.074 8	63.993 3	0.420 4	0.800 1
22岁	城	−872.142 1	37.112 0	1.193 5	5.129 6	63.733 1	0.448 9	0.732 4
	乡	−861.420 4	37.856 1	1.198 8	5.063 0	64.056 1	0.421 4	0.762 7

表 1 中采用多元统计分析中判别分析的多组逐步判别分析方法，用 SPSS 对各组大学男生所有 13 项体质测试指标的原始数据，进行逐步判别分析，经过 7 步迭代计算，最终挑选 6 个对分类影响大的体质指标建立八组判别函数，然后对各组每一个样本进行判别如表2。

表2　19~22岁大学男生各组的判别率

组号		正确率	19 岁		20 岁		21 岁		22 岁		累计
			城	乡	城	乡	城	乡	城	乡	
19岁	城	26		13	17	12	7	5	17	3	74
	乡	21	14		8	18	3	15	11	10	79
20	城	32	16	13		8	5	6	14	6	68
	乡	28	8	17	12		5	11	7	12	72
21	城	9	17	2	18	14		7	24	9	91
	乡	19	10	12	12	20	2		16	9	81
22	城	34	14	13	15	5		3		9	66
	乡	14	11	12	11	15	7	15	15		86

由表 2 可见，八个组的正确判别率很低（9%～34%），误判率很高（68%～91%），误判率在城乡各年龄组间的分布比较均衡。比较典型的是"城21岁"组，正确判别率仅为9%，而误判在"城19岁"组为17%、"乡19岁"组为2%、"城20岁"组为14%、"乡21岁"组为7%、"城22岁"组为24%、"乡22岁"组为9%，反映组之间没有什么界限。说明19～22岁大学男生城、乡间和年龄间差异不明显，应处于同一体质水平，可当作一个研究"总体"；大学男生达到体质发育水平"高峰"的相对稳定状态。因此，体质调研中把大学男生19-22岁合并为一组是有科学依据的。

2.2 小学男生

采用同样方法，对广州市 1995 年城乡 7--10 岁小学男生所有 17 项体质测试指标的原始数据，分八个组：1.城7岁、2.乡7岁、3.城8岁、4.乡8岁、5.城9岁、6.乡6岁、7.城10岁、8.乡10岁。对他们进行判别分析，经过 12 步迭代计算，可得表 3 各组的判别函数系数，每组样本按判别函数进行判别，得表 4 各组的判别结果。

每组的判别函数：$Y = -2.0794 + C_0 + C_3 + C_5 + C_5 + C_6 + C_6 + C_7 \times X_7 + C_9 \times X_9 + C_{12} \times X_{12} + C_{13} \times X_{13} + C_{14} \times X_{14} + C_{15} \times X_{15} + C_{16} \times X_{16} + C_{17} \times X_{17}$

表3　7～10岁小学男生各组的判别函数系数

组号	C_0	C_3	C_5	C_6	C_7	C_9	C_{12}	C_{13}	C_{15}	C_{16}	C_{17}	
1	−807.899 7	2.889 4	0.142 7	−0.004 6	6.518 2	−7.380 2	14.055 2	24.569 1	0.573 8	0.155 3	1.073 2	0.786 9
2	−814.815 0	2.991 0	0.106 3	−0.006 1	6.170 0	−7.730 4	16.593 9	24.230 4	0.642 1	0.354 1	1.324	0.491 1
3	−828.387 8	2.941 8	0.160 7	−0.004 7	6.630 1	−7.362 3	14.073 4	24.161 7	0.646 0	0.158 3	1.039 1	0.735 1
4	−814.214 0	2.996 5	0.128 4	−0.006 6	6.243 5	−7.713 3	16.534 7	23.412 6	0.639 0	0.373 7	1.022 2	0.503 6
5	−836.449 2	2.959 1	0.157 8	−0.003 9	6.738 2	−7.355 8	13.921 9	23.495 5	0.659 5	0.152 6	1.025 1	0.799 4
6	−842.298 9	3.024 5	0.139 6	−0.007 2	6.475 4	−7.864 8	16.725 9	22.940 5	0.657 7	0.375 6	1.011 1	0.498 1
7	−847.168 7	2.907 0	0.148 6	−0.004 5	6.818 0	−7.267 1	14.152 7	23.050 7	0.698 4	0.156 7	0.999 5	0.744 2
8	−853.896 5	2.989 9	0.131 0	−0.006 0	6.588 4	−7.793 6	16.704 9	22.571 1	0.667 0	0.351 1	1.014 3	0.521 3

表4 7~10岁小学男生各年龄组的判别率

组号		正确率	7 岁		8 岁		9 岁		10 岁		累计
			城	乡	城	乡	城	乡	城	乡	
17 岁	城	82		0	17	0	1	0		0	18
	乡	61	3		0	29	0	7	0		39
18 岁	城	45	24	0		0	21	0	10	0	55
	乡	39	4	27	3	0	0	24	0	3	61
19 岁	城	49	5	0	24	0		0	22	0	51
	乡	40	0	9	1	18	1		0	31	60
20 岁	城	75	0	0	7	0	18	0		0	25
	乡	64	0	3	0	9	0	19	5		36

由表4结果可见，八个组各自的正确判别率都比较高（39%～82%），年龄越小，正确判别率相对越高；而城市的正确判别率均比乡村的高。累计错误判别率比较低（18%～61%），从城乡各年龄组的错误判别率分布情况看，误判主要发生在同是城乡或乡村相邻两个年龄组间，例如"城8岁"组的错误判别率主要发生在"城7岁"组和"城9岁"组这两个年龄组上（分别为24%和21%），而不发生在乡村7岁、8岁、9岁、10岁年龄组上；"乡8岁"组的错误判别率也主要发生在"乡7岁"组和"乡9岁"组这两个年龄组上（分别为27%和24%），而很少发生在城市7岁、8岁、9岁、10岁年龄组上（分别为4%、3%、0%、0%），城、乡间界限明显。说明：第一，体质水平差异程度与年龄关系很大，有随着年龄的增长逐渐缩小的趋势；第二，城市学生年龄特征较乡村学生明显；第三，城乡差别显著。

从表2与表4的判别结果明显可见：随着年龄的增长，体质水平差异有逐渐减弱趋势，到成年阶段（19～22岁）已经接近相同水平；城、乡的差异，年龄越小，则差异越明显；年龄间的差异，城市比乡村明显。

3 结论与建议

（1）城乡差别仍然存在，年龄越小，差异越显著。建议体质研究时，尽量少采用城乡合并运算结果，避免错误的研究结果，误导体质工作，尤其是面对中小学生。

（2）城市学生各年龄组的正确判别率均高于乡村学生。反映城市学生体质发育情况比较集中，乡村学生体质发育不均衡。建议加强科学、统一的体质指导。

（3）年龄差别随着年龄的增大逐步减弱，大学生阶段趋向平衡，反映体质发育由快到慢的客观规律。

【思考与练习】

1. 判别分析与回归分析有什么不同？
2. 判别分析与聚类分析有什么不同？
3. 举一些可用判别分析的案例。

第四节　灰色关联分析

一、灰色理论概述

它是一门研究信息部分清楚、部分不清楚并带有不确定性现象的应用数学学科。传统的系统理论，大多是研究那些信息比较充分的系统。对一些信息比较贫乏的系统，利用黑箱的方法，也取得了较为成功的经验。但是，对一些内部信息部分确知、部分信息不确知的系统，却研究的很不充分。这一空白区便成为灰色系统理论的诞生地。因此，灰色系统理论主要研究的就是"外延明确，内涵不明确"的"小样本，贫信息"问题。在客观世界中，大量存在的不是白色系统（信息完全明确）也不是黑色系统（信息完全不明确），而是灰色系统。因此灰色系统理论以这种大量存在的灰色系统为研究对象而获得进一步发展。

二、基本观点

（1）灰色系统理论认为，系统是否会出现信息不完全的情况、取决于认识的层次、信息的层次和决策的层次，低层次系统的不确定量相当于高层次系统的确定量，要充分利用已知的信息去揭示系统的规律。灰色系统理论在相对高层次上处理问题，其视野较为宽广。

（2）应从事物的内部，从系统内部结构和参数去研究系统。灰色系统的内涵更为明确具体。

（3）社会、经济等系统，一般会存在随机因素的干扰，这给系统分析带来了很大困难，但灰色系统理论把随机量看作是在一定范围内变化的灰色量，尽管存在着无规则的干扰成分，经过一定的技术处理总能发现它的规律性。

（4）灰色系统用灰色数、灰色方程、灰色矩阵、灰色群等来描述，突破了原有方法的局限. 更深刻地反映了事物的本质。

（5）用灰色系统理论研究社会经济系统的意义，在于一反过去那种纯粹定性描述的方法，把问题具体化、量化，从变化规律不明显的情况中找出规律，并通过规律去分析事物的变化和发展。例如人体本身就是一个灰色系统，身高、体重、体型等是已知的可测量的直属于白色系统，而特异功能、穴位机理、意识流等又是未知的难以测量的，属黑色系统，介于此间便属灰色系统。体育领域也是一个巨大的灰色系统，可以用灰色系统理论来进行研究。

三、灰色关联分析

常规的相关分析、回归分析无法使用。特点为：

（1）因变量 Y 能定量测得。

（2）样本含量少（n 达不到变量数的 5 倍）。

（3）所有自变量能定量测得。

表 10-4

	张	赦	石	唐	竹	石	王	李	谢	尹	李
Y	2.19	2.21	2.18	2.20	2.39	2.12	2.20	2.18	2.12	2.08	2.00
X1	3.15	2.90	3.20	3.11	3.11	2.95	3.00	3.20	2.86	2.90	3.20
X2	90	80	90	86	94	75	80	95	84	85	90

	张	赦	石	唐	竹	石	王	李	谢	尹	李
X3	3.60	3.60	3.50	3.43	3.71	3.52	3.52	3.43	3.40	3.35	3.25
X4	155	165	145	110	125	140	110	165	140	130	150
X5	320	320	260	260	200	220	300	310	290	280	305
X6	11.40	10.76	11.20	10.75	10.90	11.80	11.50	11.50	12.10	11.00	11.30
X	73.70	3.45	3.56	3.44	3.43	3.65	3.70	3.70	4.00	3.60	3.60

方法 1：灰色关联分析。

表 10-5

	x1	x2	x3	x4	x5	x6	x7
关联度	0.830	0.790	0.925	0.637	0.629	0.842	0.834
（ri）	2	3	1	4	5		

方法 2：斜关联分析。

表 10-6

	x1	x2	x3	x4	x5	x6	x7
关联度	− 0.196	− 0.181	0.783	0.063	0.179	− 0.595	− 0.578
（ri）			1	5	4	2	3

方法 3、对 7 个自变量全回归

表 10-7

	x1	x2	x3	x4	x5	x6	x7
回归系数 一（bi）	− 0.248	0.013	0.589	− 0.003	0.000 3	0.168	− 0.397

方法 4：对 7 个自变量逐步回归。

表 10-8

	x1	x2	x3	x4	x5	x6	x7
回归系数 二（bi）		0.091	0.615		− 0.000 3		− 0.035
		2	1				3
标准回归 系数（bi'）		0.125	0.816		− 0.133		− 0.059

针对论文"多元回归与灰色关联对跳高成绩分析的比较研究"（以下简称"多文"）而进行的一点点探索。"多文"发表在《体育科学》（1997年），主要以全回归、灰色关联度两种方法对影响跳高成绩的因素进行了探讨。

对7个自变量回归时，虽然回归方程有显著意义（F值略），但部分运动素质对跳高成绩的影响作用出现矛盾，表现在X1、X4、X6对应的回归系数b1、b4、b6的符号不正常（应为：b1>0、b4>0、b6<0），导致方程"病态"。于是，删除X1、X4、X6。对剩余的4个自变量进行回归（表2，b5<0，方程仍为"病态"），并强行求出了4个自变量的标准回归系数（见表10-9），排序为：b3' >b5' >b2' >b' 7。

求助于灰色关联分析，计算出了关联度（未考虑正负号），排序为：

r3>r6 >r7 >r1 >r2 >r4 >r5。

求助于斜关联分析，计算出了关联度（考虑正负号），排序为：

方法总结

表 10-9

	x1	x2	x3	x4	x5	x6	x7
回归系数一（bi）	− 0.248	0.013	0.589	− 0.003	0.0003	0.168	− 0.397
回归系数二（bi）		0.0912	0.6151		− 0.0003		− 0.0353
标准回归系数（bi'）		0.125	0.816		− 0.133		− 0.059
关联度（ri）	0.8302	0.7903	0.9251	0.6374	0.6295	0.842	0.834
斜关联度（ri）	− 0.196	− 0.181	0.7831	0.0635	0.1794	− 0.5952	− 0.5783

【思考与练习】

1. 什么是灰色理论？
2. 灰色理论的前提条件是什么？
3. 例举使用灰色理论的1~2个案例。